W0317923

Rendez-vous

Du même auteur

Approche psychanalytique des toxicomanes (avec Caroline Ferbos), PUF, 1986.

Jacques Chirac, portrait total (avec Pierre Jouve), Carrère, 1987.

François Mitterrand, portrait total (avec Pierre Jouve), Carrère, 1988.

Les Dits et les Non-dits de Jean-Marie Le Pen : enquête et psychanalyse (avec Pierre Jouve), La Découverte, 1988.

Quand l'homme civilise le temps, essai psychanalytique sur la sujétion temporelle, La Découverte, 1992, 2000.

La Lettre fantôme, Minuit, 1996.

Manifeste pour une Europe souveraine (avec Jérôme Monod), Odile Jacob, 2000.

Le Monde d'Ali. Comment faire une psychanalyse quand on est polonais, chirurgien, arabe, élevé dans le Sentier..., Albin Michel, 2004.

Sous le pseudonyme d'Oreste Saint-Drôme, coauteur avec Anne Débarède.

Comment choisir son psychanalyste, Le Seuil, 1987.

Comment se débarrasser de son psychanalyste, Le Seuil, 1988.

Le Ronfleur apprivoisé. Petite encyclopédie pratique à l'usage des ronchopathes et de leurs victimes, Le Seuil, 1989.

Comment cultiver son petit écolier, Petite encyclopédie pratique à l'usage des parents qui fréquentent régulièrement la maternelle et le primaire, La Découverte, 1990, 2001.

Comment se débarrasser de ses parents... sans crime ni châtiment, La Découverte, 1992.

Dictionnaire inespéré de 55 termes visités par Jacques Lacan, Le Seuil, 1994.

Comment choisir son philosophe (avec Frédéric Pagès), La Découverte, 2000.

Ali Magoudi

Rendez-vous

La psychanalyse de François Mitterrand

Maren Sell Éditeurs

© Maren Sell Éditeurs, 2005
7, rue des Canettes, 75006 Paris
2-35004-038-0

À Pierre Jouve,
l'ami tortue, d'hier, d'aujourd'hui et de demain.

Prologue

Entre le jeudi 11 et le vendredi 12 février 1993. Il fait nuit. Nous sommes à 10 000 mètres d'altitude, quelque part entre Hô Chi Minh-Ville et Paris. La délégation qui a accompagné le chef de l'État dans son voyage au Viêtnam et au Cambodge occupe tous les sièges disponibles de l'avion présidentiel. Chefs d'entreprise aux carnets de commandes garnis grâce aux commandes de la République, témoins des guerres coloniales sortis de leur retraite, ministres et membres de cabinet en service commandé, antenne d'urgence médicale, médecin personnel de François Mitterrand, président des groupes d'amitié franco-vietnamiens du Sénat et de l'Assemblée, invités personnels du prince : astrophysicien de renom, écrivains choisis, cinéastes adoubés, journalistes élus, tout cet aréopage essaye de tuer les quatorze heures de voyage aérien auxquelles il est condamné. Les uns somnolent, les autres lisent, la plupart des commensaux papotent avec leurs nouvelles connaissances. L'atmosphère est celle que procure la fréquentation des connivences nouvelles arrosées au champagne. Les carnets d'adresses se remplissent.

Assis à l'arrière de la cabine, je repense à la visite de François Mitterrand sur le site de la bataille de Diên Biên Phû ; à la rencontre avec Pham Van Dong, l'ancien Premier ministre communiste qui avait participé aux négociations de Genève en 1954, au dîner hallucinant offert par le prince Sihanouk à Phnom Penh, au cours duquel les rescapés du génocide des Khmers rouges ont côtoyé leur ancien bourreau, Khieu Samphan ; aux temples d'Angkor, à peine dégagés des mines qui truffent le pays, que nous avons visités, hier, au pas de charge. Bref, je note la lourde insistance réitérée avec laquelle François Mitterrand inscrit son action politique dans l'Histoire.

Hubert Védrine, le secrétaire général de l'Élysée, se penche vers mon oreille et susurre : « Le Président vous invite à déjeuner. » J'ouvre la porte du casier à bagages au-dessus de ma tête, me saisis de la cravate vert et jaune que j'avais ôtée, ainsi que de la veste que j'avais tombée. Conformément aux us et coutumes vestimentaires des voyages officiels, je me dirige vers l'appartement de François Mitterrand aménagé dans la cabine pour les longs périples du Président. Une hôtesse de l'air m'introduit dans la salle à manger.

Le Président est assis à une vaste table ronde recouverte d'une nappe blanche, avec, à ses côtés, Roland

Dumas, son ami intime et néanmoins ministre des Affaires étrangères de la France.

Après l'échange des poignées de main, des « Bonjours », et des « Comment allez-vous ? » d'usage, je m'assois et jette un œil sur le menu imprimé qui se trouve sur mon assiette.

« Roland, vous avez lu la couverture du voyage par la presse française ? C'est toujours la même chose, elle est meilleure à la fin du périple qu'au début. Comme quoi, il suffit de nourrir les journalistes pour que leurs papiers s'améliorent. »

Un silence s'installe, que j'interromps :

« Monsieur le Président, est-ce que je peux vous poser une question à propos du décret que vous avez pris le 4 février dernier ?

— Je vous écoute.

— Vous avez institué une journée nationale commémorative des persécutions racistes et antisémites commises sous l'autorité de fait, appelée alors “gouvernement de l'État français”.

— C'est vrai, j'ai pris en compte la demande des associations de victimes.

— Pourquoi avez-vous tant tardé à le faire ?

— Je me suis déjà exprimé là-dessus. Vichy, ce n'était pas la République française.

— J'ai relevé une contradiction dans la rédaction de votre arrêté. Vous avez fixé cette journée commémorative le 16 juillet, c'est-à-dire à la date anniversaire de la rafle du Vélodrome d'hiver, qui s'est produite en 1942, à condition que ce jour soit un dimanche ; sinon, elle sera reportée au dimanche suivant. »

Les hôtesses nous servent les entrées. Le steward nous propose un choix de vins. Du très bon, forcément.

« C'était pour ne pas avoir un jour férié de plus. »

Je ne suis pas venu à table les mains vides. De mon porte-documents, je sors un feuillet dactylographié.

« J'ai là une copie du décret que Pierre Joxe s'apprête à publier. Il a décidé que le 16 février de chaque année un hommage solennel sera rendu aux gendarmes tués dans l'exercice de leurs fonctions. La date retenue correspond au jour anniversaire de la promulgation de la loi de 1791 qui a créé la gendarmerie nationale. »

Je tends le texte au Président. Ce dernier s'essuie la bouche avec sa serviette. Prend le papier, le parcourt comme le spécialiste de la lecture ultra-rapide de notes qu'il est.

« Et alors ?

— Le ministre de la Défense n'a pas ajouté : à condition que ce jour tombe un dimanche !

— Je ne vois pas où vous voulez en venir.

— Le ministre de la Défense a instauré une célébration à date fixe, le 16 février. Vous avez créé une commémoration à date mobile, le 16 juillet, ce qui n'est pas sans rappeler la querelle des quartodécimans.

— Oui, je connais. Et vous, monsieur Dumas, êtes-vous au courant de cette querelle qui déchira le christianisme des origines ?

— Je n'en ai jamais entendu parler. »

Pendant notre conversation, le ballet du service ne cesse pas. L'équipe qui officie autour de nous est d'une discrétion absolue. Elle fait semblant de ne pas écouter, à moins qu'elle n'écoute vraiment pas. Perfection doublée d'un confort complet dû à l'absence de turbulences. Sans le bruit de fond de l'avion subsonique, on se croirait chez *Lapérouse*, dans un salon privé.

« Je vais vous éclairer, cher Roland.

— Les Églises furent secouées, dès le second siècle de notre ère, par une polémique reprise de concile régional en concile œcuménique : comment fixer la date de la fête de Pâques ? Cette dissension peut se résumer ainsi : les tenants de l'ordre établi, les quartodécimans, suivant en cela la chronologie de la Passion fournie par Jean, fixent le jour de Pâques le 14 du mois de Nisan, c'est-à-dire à l'échéance de la Pâque juive. Cet état d'esprit est plutôt celui des Églises d'Asie mineure, Éphèse étant l'une des plus éminentes. Les séditieux, eux, bousculant ce compromis, exigent que Pâques se déroule le jour du Seigneur qui suit le quatorzième jour de la lune, au prétexte que le Sauveur a ressuscité un dimanche. Cette dernière manière de célébrer la résurrection prévalut. Les quartodécimans furent déclarés hérétiques, en l'an 451, par le concile d'Antioche. Et voilà pourquoi les catholiques ne fêtent plus Pâques avec les Juifs.

— Monsieur le Président, vous voyez bien que le choix du dimanche qui suit le 16 juillet n'est pas neutre. Il rappelle fâcheusement la tendance à gommer la dette que le christianisme a contractée vis-à-vis du judaïsme.

— Écoutez, c'est Charasse qui a rédigé ce décret. Allez lui demander ce qu'il avait en tête. »

J'insiste :

« Il a fallu plusieurs décennies pour inscrire la responsabilité de Vichy dans l'histoire de la Shoah en France. Si le 16 juillet 1942 est commémoré, pour la première fois, le dimanche 18 juillet 1993, cela risque d'amoindrir la nature symbolique de votre acte. Et qu'on vous reproche de reprendre d'une main ce que vous avez lâché de l'autre. On dira qu'une fois de plus on plante la croix chrétienne dans la douleur juive. »

Le Président ne répond pas.

Dessert, café, coupe de champagne millésimé. Le repas se prolonge comme dans un déjeuner provincial, un dimanche midi.

« J'ai longtemps cru que j'étais immortel. En 1944, j'étais très harcelé par les gens de la Gestapo. Ils m'auraient bloqué aux deux extrémités d'une petite rue de cent mètres, j'avais le sentiment que je me serais débrouillé. Depuis l'intervention sur mon cancer de la prostate, je sais que c'est un peu moins vrai. Messieurs, vous savez, ça peut également vous arriver. C'est dans la nature de l'homme. »

Rires de l'auteur de la blague. Silence gêné des convives.

À ma demande, les noms des prétendants à sa succession défilent : Gaston Defferre aurait pu, il n'est plus là. Les patronymes de Fabius, Emmanuelli, Jospin, Delors, Strauss-Kahn, Lang suivent. Pas un mot pour les départager. Il y a ceux qui ont moins de cinquante ans et les autres. Que la France ait un autre président socialiste, ce n'est pas pour demain. Aussi, plus ils sont jeunes, plus leur chance est grande. Et puis, après lui, qu'ils se débrouillent. À l'évidence, si Chirac lui succède, l'histoire retiendra mieux l'éclat de son double septennat.

« Bien. Merci, messieurs. »

Roland Dumas se lève. Je m'apprête à en faire autant.

« Vous, me dit-il en pointant vers moi un index déformé par l'arthrose, restez encore deux minutes. »

Le ministre des Affaires étrangères retourne vers son siège de première classe. Je reste avec le Président. Que me veut-il ? Me faire une confidence sur son dernier décret ? une remontrance pour mon insistance à l'accompagner aussi longuement dans sa mandature présidentielle ? un cadeau pour me flatter et endormir ce qui me reste d'esprit critique ?

« Écoutez. Voilà près de quatorze ans que je donne des interviews à qui me le demande. Je ne sais plus à combien d'ouvrages j'ai prêté ma plume, à combien de documentaires j'ai donné ma voix, fourni mon corps et mon image. Chacun de ces auteurs pensait que je lui parlais. En réalité, il n'en était rien. Je me servais d'eux. Si j'ai tenu si longtemps face à la maladie, si j'ai résisté à l'adversité politique, c'est qu'en réalité, au travers de toutes ces confidences, je faisais une auto-analyse. Un peu comme Freud. Sauf que ce dernier n'a eu qu'un seul interlocuteur, Wilhelm Fliess. Moi, j'en ai eu des dizaines. La liste serait trop longue à citer. Chacun de mes interlocuteurs s'est imaginé que je lui parlais. En fait, j'en apprenais de plus en plus sur moi-même. Aujourd'hui, le temps est venu. Ma fin est proche. Je vous passe une commande, écrivez la psychanalyse de François Mitterand. Mettez en forme ma nouvelle mémoire, maintenant que j'ai fait sortir mon passé de la tombe de mes souvenirs. Moi, je n'en aurai plus le temps.

— Sous quelle forme, Monsieur le Président, conviendrait-il d'écrire votre psychanalyse ?

— Surtout, ne vous lancez pas dans un essai, avec des termes techniques et théoriques. Ce serait par trop ennuyeux. Écrivez une fiction qui se lise aisément. Il y a dix ans, quand, avec Pierre Jouve, vous avez fait ce long reportage sur moi, je vous ai fourni toute la matière nécessaire : dix-huit heures d'interview, des reportages en France comme dans le monde entier. Depuis, nous n'avons pas cessé de nous voir durant mes voyages, comme lors de nos déjeuners. Utilisez tout ce que je vous ai confié. Et si c'est nécessaire, puisez çà et là. Dans les documents que j'ai moi-même écrits ou dans les propos que j'ai confiés à d'autres. Enfin, n'hésitez surtout pas à inventer le divan que je n'ai pas fréquenté, c'est dans la fiction que se forge la vérité.

— Mais c'est un énorme travail ! Je n'ai pas le temps de m'atteler à une telle construction en ce moment.

— Je vous demande expressément de composer ce texte. Vous en avez les moyens. Pas tout de suite. Faites ça pour le dixième anniversaire de ma mort.

— Je le ferai. À ce moment-là, les passions autour de votre personne seront retombées. Il sera temps d'éclairer votre politique par d'autres considérations que celles que l'on nous serine entre posture morale et nécessité économique.

— Mais, attention, n'écrivez pas n'importe quoi ! Sinon, mon fantôme viendra vous tirer les pieds pendant votre sommeil, la nuit, et aussi pendant vos siestes. »

Dès cet instant, le narrateur nous rapporte des événements qui se sont produits plus d'une décennie auparavant, dans la ville de Paris, siège de la Présidence de la République française.

Le récit débute au mois de mai 1982, année où le printemps fut pourtant tardif.

Lundi 3 mai 1982, 9 h 30

« Allô, ici le secrétariat du Président.

— Oui ?

— Le Président souhaiterait vous rencontrer.

— À quel propos ?

— Pour commencer une psychanalyse. Il vous propose de venir le voir demain à 9 h 30. Est-ce possible ?

— S'il souhaite me rencontrer, il est nécessaire qu'il vienne chez moi.

— C'est irréalisable. Question de confidentialité. Il demande expressément que le rendez-vous ait lieu ici, dans son bureau.

— Au contraire, c'est à l'Élysée que le secret sera instantanément éventé. Mon cabinet est situé dans un hôtel particulier avec un parking souterrain. De là, un ascenseur mène directement chez moi. La rencontre passera inaperçue ou l'on y verra un rendez-vous galant. Qu'il vienne demain à 15 h 30.

— Vous ne vous rendez pas compte de l'encombrement de son agenda. Je ne vois déjà pas comment nous allons lui dégager régulièrement du temps. Mais si, en plus, il faut qu'il se déplace, nous n'y arriverons jamais !

— C'est à prendre ou à laisser.

— Je vois ça avec lui et je vous rappelle. »

Lundi 3 mai 1982, 15 h 30

« Allô, ici le secrétariat du Président.

— Oui ?

— J'en ai parlé au Président, il a dit oui. Il sera chez vous demain, à 15 h 30. »

Lundi 3 mai 1982, 21 heures

Ma journée d'écoute flottante est terminée.

Je pense à l'appel téléphonique qui m'est parvenu cet après-midi. J'ai accepté avec réticence le principe de la rencontre avec François Mitterrand. L'idée de voir ma maison régulièrement investie par les services secrets à la recherche de micros dissimulés sous le divan ou dans la lampe de chevet ne me réjouit guère. Sans parler de la mise sur écoute de mes conversations téléphoniques par ses collaborateurs nécessairement curieux et intrigants.

Que vient demander à un psychanalyste cet homme qui pose régulièrement devant les caméras avec toutes les têtes couronnées ou non de ce monde ?

Dans le milieu des années soixante-dix, une rumeur courait Paris. Dès potron-minet, un psychanalyste se serait rendu à l'Élysée au chevet de Valéry Giscard d'Estaing. À son arrivée, un gendarme somnolent aurait ouvert les grilles de la grande porte. Après avoir évité les jardiniers qui ratissaient les graviers blancs de la cour d'honneur, il garait sa Renault 16 dans la cour est du palais et grimpait les marches du perron avant d'être introduit par un huissier en queue-de-pie sombre dans le bureau présidentiel.

Je me suis toujours demandé en quoi la technique analytique était compatible avec les secrets d'État. Mais surtout, j'ai toujours pensé que la cure d'un président de la République était susceptible de nuire à l'image de la psychanalyse. En effet, si Giscard s'est vraiment allongé sur un divan, les résultats visibles de cette cure présidentielle pourraient constituer une publicité négative pour la *talking cure*. Je me souviens encore des multiples commentaires qui accompagnèrent la chute de la giscardie.

Là où certains cliniciens voyaient un progrès spectaculaire pour le patient, les éternels opposants à la psychanalyse interprétèrent le résultat des élections de 1981 comme une preuve du charlatanisme freudien. S'il n'avait pas fait d'analyse, il serait encore président. Rien dans l'opposition de ces ignorants de service ne m'avait alors réellement étonné, puisque leur critique était idéologique. La psychanalyse ne véhicule pas la Bonne nouvelle, elle est donc mauvaise.

Le commentaire négatif de certains collègues me surprit davantage. Ils virent dans l'élection du challenger, le candidat Mitterrand, un effet de la cure entreprise par le tenant du titre. Pour ma part, depuis des années, je me bats contre la vision d'une psychanalyse qui ferait de la réussite sociale le but ultime de la cure. Je l'affirme haut et fort, piloter une administration centrale, remplir les Zénith de France et de Navarre, diriger avec brio une maison d'édition sont des symptômes aussi invalidants pour l'épanouissement d'un sujet que les inhibitions, les phobies ou les angoisses qui amènent un autre sujet à entreprendre un travail personnel. Une différence de taille sépare ces deux types d'analysants. Le premier verra sa souffrance apparaître au fur et à mesure qu'il videra son sac de bonheur supposé. Le second, émerveillé, verra ses vieux fantômes l'abandonner, si rapidement parfois qu'il n'aura pas eu le temps de s'en sevrer.

Je me le répète, le syndrome du bon élève est susceptible de disparaître au cours d'une cure. Et, de ce point de vue, je considère que si Giscard s'est effectivement allongé sur un canapé, sa cure constitue une réussite exemplaire. Voilà un être frappé par un symptôme des plus invalidants, le désir d'être président à vie, battu dès la première échéance électorale venue. C'était inespéré. Et, avec le temps, chacun l'a constaté, la guérison obtenue a été d'une grande stabilité, l'ancien leader ne s'étant jamais représenté au rite suprême. Ce qui n'était pas acquis d'avance.

Aurai-je droit à l'analyse de symptômes du même genre chez ce président encore récemment élu ? À savoir, le désarroi intense qui saisit un chef d'État brutalement mis en position de réussite ? Voudrait-il guérir de son statut de chef d'État ? s'en débarrasser à la première occasion venue ?

J'ai hâte d'entendre la nature de sa demande.

Mardi 4 mai 1982, 15 h 30

On sonne.

Je vérifie sur l'écran de l'interphone qu'il s'agit bien du suprême quidam prévu et non d'un chiffonnier d'Emmaüs. Une voiture banalisée attend en face du portail. J'actionne la gâche électrique de la grille d'entrée. La R25 pénètre dans la vaste cour intérieure et disparaît dans le garage souterrain. Quelques instants plus tard, la porte de mon bureau s'ouvre. Un garde du corps me masque le Président avant de s'effacer devant François Mitterrand. Jusqu'à présent, j'avais été confronté soit à son image cathodique, mobile et parlante, soit à l'icône figée, posant, officielle et muette, un livre à la main, sur fond d'ouvrages à tranche dorée. Le Président passe l'encadrement de la porte et se dirige vers moi la main tendue.

« Bonjour, vous auriez pu venir à l'Élysée, les conversations n'y sont pas écoutées, j'y veille. »

La main à la peau froide se donne franchement mais rapidement. Elle pose la sainte trinité mitterrandienne, l'écharpe, le chapeau noir et le manteau, sur le divan. Le Président, lèvres pincées de momie, face pâle, genre Photomaton surexposé, s'assied sur le fauteuil art déco que je lui désigne. Il immobilise ses mains carrées en une clef de catcheur. Comme un métronome, sa jambe croisée marque le tempo, *andante ma non troppo.*

Silence...

François Mitterrand cligne des paupières, le regard fixé sur ses chaussures noires impeccablement cirées.

« À l'élection de 1981, Giscard s'est présenté trop tôt. Je n'ai pas gagné, c'est lui qui a perdu. Quand on devient président de la France, on ne doit plus jamais prendre la posture de candidat. Si l'on respecte cette règle-là, on reste président à vie. »

Court silence.

« À condition de rester en vie, bien sûr. Je ne veux pas retourner au Panthéon, pas tout de suite. J'ai offert la rose à Jean Jaurès, Jean Moulin et Victor Schoelcher lors de l'inauguration de mon septennat. Pour les chrysanthèmes, ils attendront bien quelques années ! Je ne ris pas. Mes médecins sont formels. La douleur lancinante que je ressentais derrière la cuisse n'est pas une sciatique, comme Gubler l'a fait savoir à la presse. Une scintigraphie a confirmé les soupçons des Diaphoirus. Je suis atteint d'un minuscule cancer réservé aux messieurs avec une multitude de proliférations osseuses.

Mardi 4 mai 1982, 15 h 30

— Qui vous l'a dit ?

— Je ne vous donnerai pas le nom de la personne. Je vous dirai simplement que, côté prostate des hautes sphères, le chirurgien qui a établi mon diagnostic est le meilleur. La prostate du général de Gaulle, c'est lui qui s'en est chargé.

— Quand je vous ai posé la question : "Qui vous l'a dit ?", comme réponse, je n'attendais ni le nom d'un médecin, ni celui d'un centre hospitalier. Je voulais juste faire une mise au point. Lorsque vous dites que vous êtes atteint d'un cancer, ce ne n'est pas vous qui parlez. C'est la science qui cause.

— Question science, je suis servi. Perfusions, gélules, prises de sang régulières pour contrôler l'évolution de la maladie, tout est en route. Mais j'ai des doutes quant à l'efficacité du traitement. Élisabeth Teissier aussi. Vu ma conjonction astrale actuelle, elle m'a conseillé de mettre toutes les chances de mon côté. "François, prenez langue avec un psychanalyste", m'a-t-elle dit. Pour que les choses soient claires, je préfère vous le dire : j'ai demandé une enquête sur vous. Il paraît que vous êtes fiable. »

Pendant la courte pause qu'il s'octroie, je pense, amusé, que, décidément, les puissants de ce monde sont tous les mêmes. De grands invalides incapables de se déplacer sans les béquilles de leurs services de sécurité. Plus sérieusement, je mets en réserve une réflexion : demander aux RG la fiche de son psychanalyste, voilà une mise en acte du transfert sur laquelle il nous faudra revenir.

« J'ai trop attendu cette présidence et le plaisir qu'elle procure pour me laisser manœuvrer par la mort. Vous vous rendez compte ? J'ai patienté plus de quarante ans avant de prendre la place de De Gaulle. Dès mon arrivée à l'Élysée, j'ai choisi le bureau qu'il a lui-même occupé. Quand j'accueille mes visiteurs, je passe devant les hautes fenêtres qui donnent sur le parc du palais. La vaste pelouse incurvée, les massifs d'arbres qui l'entourent me permettent de revivre le cycle des saisons comme au temps de mon enfance à Touvent, à la jonction de la Dordogne et de la Charente. J'allais à pied jusqu'à une petite chapelle par des chemins de terre. C'était mes *Quatre Saisons* à moi ! »

À ce moment de cet exposé liminaire, je juge utile de relancer le patient afin de sonder la persistance de sa rivalité avec le général de Gaulle. Ce dernier n'est plus de ce monde depuis plus de douze ans. De quoi amoindrir les ressentiments éventuels que l'auteur du *Coup d'État permanent* ressentait envers le fondateur de la Vᵉ République.

« Pourquoi avoir choisi ce bureau-là ?

— J'ai hésité à le prendre. J'ai connu les présidents de la IVᵉ République. Ils étaient au rez-de-chaussée. Ils avaient un bureau plus petit que le mien. Mais très agréable, avec un accès immédiat sur le jardin. J'ai été tenté. D'autant que j'aime bien dire bonjour à mes chiens et que c'est plus commode d'en bas que d'en haut. Mais je n'ai pas été élu pour le seul confort de mes animaux domestiques. Je suis en charge de l'Histoire. Giscard n'avait pas osé occuper la pièce située au premier étage. Le cadavre de l'illustre locataire était sans doute trop encombrant pour lui ! Qui l'a tué lors du référendum de 1969 ? Qui, sinon ses amis et futurs successeurs ? Ce n'est pas moi !

— Pourquoi vous défendez-vous d'un meurtre que vous n'avez pas commis ? Que je sache, de Gaulle est mort d'une rupture d'anévrisme.

— Parce que mes adversaires politiques m'ont accusé d'avoir voulu commettre ce parricide en 68, quand la jeunesse française tentait de se débarrasser d'un monde mortifère, autoritaire, incarné par un vieil homme dépassé. Je vous rappelle la chronologie des faits qui me concernent. Le 27 mai 1968, je participe au meeting de Charlety, avec Mendès, Rocard et Sauvageot où soixante mille personnes sont rassemblées par la gauche non communiste. Le 28, lors d'une conférence de presse, j'annonce que je serai candidat à la présidence de la République en cas de vacance du pouvoir. J'appelle à la formation d'un gouvernement provisoire sous la direction de Mendès France. Voilà. C'est tout.

— Et alors ?

— Les Français ont vécu mes propos comme un attentat contre le père de la patrie, ils les ont assimilés à un véritable parricide. J'ai décrit cet épisode dans *Ma part de vérité.*

— En quels termes ?

— Permettez-moi de reprendre d'anciens propos : On a pensé que j'avais voulu tuer le père de famille, la puissance tutélaire, le bon ange du foyer. Ça, c'est ce que j'ai écrit. Comme toujours, en écrivant, on atténue les idées. En fait, j'ai pensé que les Français m'avaient imaginé en Lady Macbeth avec le sang du Général sur les mains. Stupide ! Pourquoi pas en kilt ! Je savais que j'aurais dû me taire. Je possède quelques rudiments de théorie analytique. En ce domaine, je ne suis pas un ignorant, et, comme tout homme de ce siècle, j'ai lu Freud, Jung, Reich. Lacan, c'est plus compliqué, mais j'ai essayé. En politique, pour tuer le père, je connaissais la règle : y penser, beaucoup ; le faire, jamais. Ce moment de faiblesse m'a coûté cher. Mais que voulez-vous, j'avais cru que mon heure était arrivée. L'administration anticipait d'obéir à un nouveau pouvoir. J'ai rêvé la fin de la Ve République. Erreur funeste, que mes amis Mollet, Mendès, Rocard, Savary, Mauroy et d'autres, ne m'ont pas pardonnée. Vous vous en souvenez, contrairement à la course présidentielle de 65, en 69, je n'ai pas pu me mettre sur la ligne de départ. C'est Defferre qui portait, avec Mendès, la casaque socialiste. Résultat : il a fait cinq pour cent ! J'aurai le temps de vous raconter tout ça en détail. »

Il est sidérant de voir à quel point les concepts de la psychanalyse ont envahi le discours courant. Popularisation qui, dans le même temps, annule le savoir que l'expression « meurtre du père » recouvre dans une cure psychanalytique et surtout la liberté que ce savoir procure. Autrement dit, quand j'entends le terme « parricide » dans la bouche d'un chef d'État, je suis sûr qu'il manie ce terme à la manière d'un anthropologue. Il est capable de parler d'une réalité extérieure à lui, mais ne sait ni combien, ni comment son intimité est concernée par le meurtre du père. Le sien, il va s'en dire. Bref, c'est une vulgate qui maintient entière l'ignorance du registre inconscient que l'on porte en soi. De ce point de vue, François Mitterrand reste, malgré l'utilisation d'un terme psychanalytique, dans le camp des ignorants.

« Peu importe le temps qu'il m'aura fallu. Seul le temps qui me reste m'importe. Aujourd'hui, c'est moi qui parle au nom de la France. À chaque fois, j'exulte intérieurement. J'ai attendu trop longtemps ce plaisir de tous les instants pour que ça se termine ainsi. Vous ne connaissez pas la joie que procure l'amour qui émane de tous les Français. Vous ne connaîtrez jamais les effets de cette drogue. J'anticipe votre contre-argument : il y en a qui me détestent, bien sûr, comme ce

Chirac qui se répand dans tout Paris pour affirmer que mon mandat ne durera que deux ou trois ans, qu'il sera abrégé comme celui de Pompidou. Pauvre Pompidou, trop tôt ramassé par la maladie. Il a une âme de putschiste, cet excité de Chirac. Mais même lui, vous verrez, il finira, comme tous ceux qui m'abominent, par m'aimer. Après ma mort. Pour arriver à ce résultat, il me faudra agir, un peu ; parler, beaucoup ; bâtir, énormément ; voyager, assurément. Vous verrez, j'ai quelques idées là-dessus. »

L'intonation prise par François Mitterrand me frappe. Jusqu'à présent, il parlait d'un ton posé, incarnant bien la force tranquille dont il avait fait son slogan. Subitement, une exaltation l'a saisi. Sa voix s'est tendue vers l'avenir, comme portée par une prophétie.

« À vous, je ne demande qu'une chose : aidez-moi à gagner du temps, le temps de construire l'image que je souhaite léguer à l'Histoire. Il m'en faut encore, du temps. Beaucoup. Ce que je veux, au fond ? Continuer à m'adonner à mon plaisir favori : donner du temps au temps. »

Un long silence s'installe.

Le métier de psychanalyste est un art difficile, où le maniement du silence est périlleux. Trop de silence, et le patient a le sentiment que vous ne vous intéressez pas à lui ou, au contraire, que la manière dont il remplit sa séance avec une parole vide vous séduit. Pas assez de mutisme, et il s'aperçoit que vous l'empêchez de réfléchir comme il se doit. Je choisis de rester silencieux face à la charge mortifère qui vient de m'être livrée.

« Il faut le faire. Chaque semaine, je dispose de mon temps. Mes journées sont très ordonnées. Je suis à mon bureau de neuf heures du matin à neuf heures du soir. J'y découpe mon temps en fractions d'un quart d'heure pour recevoir chefs d'État, ambassadeurs, syndicalistes, membres du gouvernement. Mes déjeuners sont autant de séances de travail. À l'intérieur de ce programme, il me suffira d'éconduire quelques courtisans pour venir ici. Sauf, bien sûr, pendant mes voyages à l'étranger. Là, je vous inviterai dans la délégation, et nous poursuivrons. Il faut le faire. Le soir, je n'emporte aucun dossier chez moi, je ne prends aucun appel téléphonique. Je n'accepte ni dîner, ni cocktail. J'écris, je vois des amis, je lis, je regarde la télévision quand il y a une bonne émission. J'aurai le temps de préparer ce travail. Il est bon que nous prenions, dès maintenant, une date pour la prochaine séance, parce qu'il y a toujours un ministre en déshérence, une question oubliée, un voyageur de passage. Une catastrophe par jour, quoi ! Pendant que je vous parle, les notes s'accumulent, là-bas, sur mon bureau. Il en arrive une dizaine toutes les heures et je m'en débarrasse en inscrivant *vu* dans la marge. »

Afin de sortir du discours que le Président a préparé à mon attention, je décide de couper dans son flot verbal trop bien ficelé. Ma première intervention est des plus classiques, je reprends l'un des mots qu'il a prononcés quelques minutes plus tôt :

« Cancer, ça vous fait penser à quoi ? »

Silence.

« J'ai pris le bureau du Général. Dans le mimétisme, je m'arrêterai là. Je ne franchirai pas, comme lui, la porte de l'hôpital Cochin, ni celle du service d'urologie où il a été traité. Je ne pousserai pas l'imitation jusqu'à être allongé sur le même billard, par le même chirurgien. L'urologue a dû conserver le bistouri avec lequel il lui a ouvert les entrailles. Dans un bocal de formol. On a les reliques qu'on peut ! Pas question qu'il utilise la même lame pour m'inciser... (Rire.) »

Si un doute avait subsisté dans mon esprit, il s'est dissipé. Malgré la mort de Charles de Gaulle, malgré les années qui se sont écoulées depuis sa disparition, pour la subjectivité de François Mitterrand, la figure du Général constitue une figure d'autorité avec laquelle il entretient une ambivalence certaine. Pour vivre, il a besoin de cette statue du Commandeur, l'aune à laquelle il mesure nombre des actions qu'il décide. Pour exister, il dévalorise la figure tutélaire, quand il ne la tourne pas en ridicule. Mais aussi grand que fût ce grand homme, n'oublions pas qu'il ne constitue qu'un relais. À François Mitterrand de nous conduire vers des figures plus fondamentales, celles de son enfance. Je crois nécessaire d'intervenir dans ce sens :

« Vous avez raison de plaisanter, puisque l'humour, c'est l'inconscient qui pointe son nez. En dehors de la puissante figure politique que vous évoquez, le mot cancer ne renvoie-t-il pas, pour vous, à d'autres événements, à d'autres personnes ? »

Silence assez long. Que j'interromps :

« Oui ?

— Mon père est décédé à Jarnac... d'une tumeur à la colonne vertébrale. C'était en 1946, au mois de mai. Nous l'avons enterré à Jarnac, là où il avait passé la seconde partie de sa vie. C'était un homme froid et silencieux. Qui communiquait peu. Bien, mais très peu. Sa vie à Jarnac n'était pas celle qu'il aurait voulue. »

Le rapprochement avec sa situation actuelle est sidérant. Je ne pensais pas que nous nous retrouverions aussi directement en cœur de cible. Sur son père. Tout cela est trop rapide. Beaucoup trop transparent. Pas de psychologie de bistrot. Surtout ne rien dire. François Mitterrand garde par-devers lui les événements énigmatiques, les manies, les mauvaises plaisanteries, et bien d'autres choses qu'il ne lâchera que si j'évite le piège qu'il me tend, consciemment ou inconsciemment. Même s'il éclaire le parricide qu'il a évoqué avec la prise de pouvoir en mai 1968, il est indispensable de ne pas intervenir sur la mort du père.

Silence...

« Je n'y avais jamais pensé... Sa tumeur, c'était peut-être la métastase osseuse d'un cancer, peut-être même d'un cancer de la prostate... comme le mien ? Vous pensez que c'est important de le savoir ? »

Plus il m'interroge sur cette ressemblance avec le cancer de son père, plus je sais qu'à ce stade du travail toute interprétation de ma part serait prématurée. En particulier, l'idée que sa maladie résulterait d'une identification à son propre père tomberait complètement à côté de la plaque. Ne connaissant rien des tenants et aboutissants de cette affaire, je ne suis pas en mesure de répondre à la question qu'il vient de poser.

Silence.

« Il devait mourir, mais, jour après jour, il était encore là. Son agonie a duré deux ans, deux longues années de souffrances. Ainsi, le choc de sa mort a été, pour moi, très amorti. »

Le deuil du père qu'il évoque, il aura l'occasion d'en reparler plus tard dans le travail analytique. Si ce dernier se met en place. Je m'apprête à interrompre la séance pour fixer le cadre général dans lequel cette cure se déroulera. Le patient reprend la parole :

« J'ai eu beaucoup de chance dans la vie. J'ai réalisé à peu près tous mes désirs, les plus profonds en tout cas. Je ne m'en tirerai pas comme ça. Le châtiment viendra, un jour. Il est peut-être déjà là. »

Devant les associations libres de François Mitterrand, ma réticence initiale tombe. J'ai devant moi un sujet qui souffre et pas un président. Si je m'en tiens à ce constat, j'ai toutes les raisons d'accepter la demande d'analyse qu'il a exprimée.

« Il nous reste à fixer quelques éléments du cadre dans lequel ce travail va se faire. Quand vous serez ici, dites tout ce qui vous passera par l'esprit. Quitte à bafouiller, ou à produire des propos incohérents. Ne vous encombrez d'aucun secret. Ni de polichinelle. Ni d'État.

— J'essaierai de m'astreindre à cette règle. Pour les secrets, je comprends ce que vous voulez dire. Pour l'incohérence, je vois moins. Habituellement, mon cerveau ne fabrique pas de la bouillie pour chats. Contrairement à ce que disent les gens, si j'ai une force, c'est que j'ai l'esprit simple. Or toute la représentation que l'on se fait de moi est celle de quelqu'un de compliqué. Ma complexité consiste à ne pas lâcher la lueur simple que j'ai perçue. Comme les autres bougent tout le temps, il suffit que je ne bouge pas pour que je leur apparaisse mobile. »

Le Président commence à associer librement comme si le cadre de son travail analytique était déjà fixé. Malgré la déférence que m'inspire sa position de chef d'État, je lui coupe la parole :

« Il serait utile de se voir deux fois par semaine.

— Le mercredi matin, ce sera impossible. Je ne peux m'absenter ni du Conseil des ministres, ni des réunions qui l'encadrent.

— Disons le mardi et le vendredi, à 15 h 30 ? »

— Pourquoi pas ? À tout le moins, ça me fera une pause digestive...

— Entre deux séances, s'il vous vient quelque chose d'important, n'hésitez pas à m'appeler pour que je vous fixe une séance supplémentaire.

— Question prix, vous n'allez pas m'assassiner ?

— Je vous demanderai mille quarante francs par séance. Faites l'appoint, je ne rends pas la monnaie. Vous me paierez après chaque séance... en liquide. Avec votre argent et pas celui des fonds secrets. Bien sûr, toute séance manquée est due.

— Même si je suis appelé au chevet d'un des miens ?

— Quelle qu'en soit la raison. Grève générale, insurrection nationale ou guerre nucléaire, débrouillez-vous pour être là.

— Vous plaisantez, j'imagine...

— Bien, on va s'arrêter là. »

En le raccompagnant jusqu'au pas de la porte, et sans lui serrer la main, je lui dis : « À vendredi. »

Mardi 4 mai 1982, 15 h 30

Notes prises à la volée après la séance

Rivalité masculine intense qui affecte les personnages historiques sans tenir compte du distingo politique droite-gauche. Situation saturée d'images mortifères. Culpabilité sévère. Occupe la place du mort tout en la refusant. Quid de sa volonté d'investir durablement la place de Président, dont il jouit de manière extatique, quasi mystique ?

Vendredi 7 mai 1982, 13 heures

On sonne. La tête et le cou d'un homme, une oreillette blanche vrillée à son conduit auditif externe droit, apparaissent dans le visiophone. Je demande :

« Oui ?

— Sécurité du Président », dit l'homme en faisant jouer ses mâchoires aux masséters affirmés.

J'ouvre. Quelques instants plus tard, un jeune athlète costumé, le cheveu ras, surgit dans l'encadrement de la porte.

« Je me présente, capitaine de gendarmerie, Charles Donnedieu. Je suis en charge de la sécurité du Président. Je passerai avant chaque rendez-vous pour m'assurer de l'essentiel, absence de bombes et de systèmes d'écoute. Voici mon téléphone, me dit-il en me tendant un Post-it. Dans sa vie quotidienne, le Président est accompagné de deux policiers et de deux gendarmes. Ils sont tous en civil. Les policiers, vous ne les verrez pas, ils resteront dehors. Par contre, les gendarmes seront dans la maison. Ils ne vous gêneront pas. Ils resteront dans la cuisine. Ils vous seront utiles quand le chien du Président l'accompagnera. Il a tendance à mordre les inconnus. Si vous remarquez un changement dans les habitudes de votre voisinage, n'hésitez pas à m'appeler. »

L'efficacité programmée pénètre dans le bureau, inspecte de manière panoramique les lieux en virevoltant tel un derviche tourneur. Le capitaine ouvre les portes de ma bibliothèque et de mon bureau. Jette un œil sous le canapé.

« OK. J'inspecte les autres pièces et je vous laisse. »

N'exprimant que la puissance du monarque républicain, ce rituel sécuritaire est pesant. C'est le prix à payer pour ne pas avoir à me déplacer au « château ». Je l'accepte.

Vendredi 7 mai 1982, 15 h 30

J'attends. Je pense, donc. Il est très rare qu'un patient continue à la séance suivante le récit interrompu à la séance précédente. François Mitterrand n'a aucune raison de revenir sur sa rivalité avec Valéry Giscard d'Estaing ou Georges Pompidou. Ni de s'étendre sur son contact avec les grands morts de la nation. Ni de dénouer les liens parricides qu'il entretenait avec le général de Gaulle. Et encore moins d'élucider l'identification avec son propre père, porteur de la même tumeur que lui. Thèmes sur lesquels il s'est étendu lors de son premier rendez-vous. En le sachant. Sans le savoir.

Le flux de la vie, les rêves, l'amnésie qui s'installe sur le contenu des séances font partie du jeu analytique. Ce qui désarticule tout discours qui voudrait contenir une histoire rigoureusement agencée. Au contraire, le patient passe du coq à l'âne, laisse le *primum movens* au récit désarticulé, tant par rapport à la continuité historique de sa vie que dans la chronologie de la séance. C'est à l'analyste d'être patient. Et au lecteur de ces notes de l'être également. Que ce dernier prenne les digressions mitterrandiennes (qui vont être le pain quotidien de cette cure) pour des énigmes, ce que, de fait, elles sont. Qu'il patiente comme l'analyste et il sera gratifié. Progressivement, le Président nommera les objectifs visés par les tours et les détours de sa parole.

J'attends depuis plus de trois quarts d'heure. J'égrène mes pensées assis dans le fauteuil art déco qui se trouve derrière le divan vide, fixant son jumeau placé devant mon bureau. Je me lève et, comme sœur Anne, je regarde par la fenêtre et ne vois que la poudre qui poudroie. Je tourne en rond, les mains croisées dans le dos. Va-t-il venir ? A-t-il renoncé à sa cure ? Avec une sensibilité à fleur de peau comme la sienne, ce n'est pas impossible. Un rêve levant un coin du voile inconscient suffit à stabiliser une machinerie momentanément déséquilibrée. L'action trépidante dans les hautes sphères du pouvoir éponge l'angoisse du lendemain. Redescendra-t-il sur terre pour parler de sa chair si humblement humaine, de sa mortelle carcasse ?

La sonnerie du portail d'entrée interrompt mes réflexions dubitatives. C'est mon client. Deux minutes plus tard, il s'allonge.

« Excusez-moi. J'avais un différend à régler avec la Dame de fer. Quelle femme impossible, la Thatcher ! Avec ses quatre sous-marins nucléaires en mission dans l'Atlantique Sud, elle menace de déclencher l'arme atomique contre l'Argentine ! À moins que je ne lui fournisse les codes secrets qui rendent sourds et aveugles les missiles que nous avons vendus aux Argentins. Margaret m'a fourni des indications très précises au téléphone. Il y a trois jours, à 10 h 40, un Exocet a atteint "son" *Sheffield,* une frégate que Sa Majesté avait envoyée en mission radar à 160 kilomètres au sud de Port Stanley, la capitale des Malouines. Résultats : une coque en bouillie, un bateau en feu, des Anglais en deuil. Trente morts. Circonstance aggravante, l'Exocet a été tiré par un Super-Étendard. Que du matériel français ! À la guerre, quand il y a un mort, c'est déjà beaucoup. Mais enfin, ces soldats étaient des professionnels. S'ils servaient sur cette frégate, c'est qu'ils étaient volontaires. Quand on fait ce genre de métier, on ne prend pas les dieux à témoin à la moindre anicroche. Je m'exprime librement en vous disant cela, je ne le dirais pas en public. Bien sûr. »

Les associations de l'analyste viennent parfois parasiter son écoute. À ce moment du récit mitterrandien, je pense à une cure d'enfant anglais, célèbre dans le milieu analytique, où un jeune garçon joue avec un train et un tunnel. Je ne vois pas ce que cela m'apporte si ce n'est une indication sur le côté infantile des guerres. Ignorant tout de mes fantaisies éveillées, le Président poursuit :

« Elle est furieuse. Elle me reproche personnellement ce nouveau Trafalgar... J'ai été obligé de lui céder. Elle les a, maintenant, les codes. Si nos clients apprennent que les Français sabotent les armes qu'ils vendent, ça ne va pas arranger nos exportations. Je vous demande de garder ça pour vous. On m'a dit que les psychanalystes ne savaient pas tenir leur langue en ville ! C'est vrai ? »

Plutôt que d'opposer à cette grossière provocation le silence convenu, je préfère relancer le côté manifeste de ses propos :

« Comment réagissez-vous face à une femme aussi intransigeante ?

— Que voulez-vous, on ne lutte pas victorieusement contre le syndrome insulaire d'une Anglaise débridée. Provoquer une guerre nucléaire pour des îlots habités par trois moutons aussi velus que frigorifiés ! Heureusement que je lui ai cédé. Sinon, je vous assure, l'index métallique de la dame appuyait sur le bouton. »

N'ayant pas obtenu de réponse franche à la question posée, à savoir, qu'en est-il de sa position masculine quand il se laisse symboliquement émasculer, j'insiste :

« Vous voulez dire que face à une telle agressivité, vous restez passif ?

— Elle ne perd rien pour attendre, j'aurai le dernier mot. Son île, c'est moi qui la détruirai. Son île, je jure qu'elle n'en sera bientôt plus une. Je prendrai ma revanche. Je relierai l'Angleterre à l'Europe, malgré son penchant naturel pour l'isolement. Comment ? Je construirai un tunnel sous la Manche. Oui. Je réussirai là où Napoléon III a échoué. Et vous savez pourquoi elle acceptera mon tunnel ? Parce je vais flatter son esprit boutiquier. Je lui dirai que la soudure au continent ne coûtera pas un kopeck à la Couronne. Elle ne résistera pas à cet argument sonnant et trébuchant. Si elle avait un peu de mémoire historique, mais elle n'a qu'une mémoire flash, elle saurait que les grands chantiers, quand ils sont confiés aux intérêts des banques privées, se terminent par la ruine des petits épargnants. Songez aux quatre-vingt-cinq mille épargnants ruinés par la construction du canal de Panama. À chacun son calvaire, laissons à mon successeur le soin de porter le chapeau. »

Le rituel s'est mis en place. Quand il ne manque pas son rendez-vous, le Président arrive une demi-heure ou une heure après l'heure de la séance. Il dédommage mon temps en me jetant en pâture un secret, d'État ou non. Dans cette manœuvre de séduction initiale, il me revient de repérer en quoi l'anecdote parle de lui, c'est-à-dire de raccrocher ses wagons inconscients à son petit cadeau.

« À quoi le comportement de Margaret Thatcher vous fait-il penser ? à quoi d'autre ?

— Ma mère tenait un livre de Raison dans lequel elle racontait le détail de ses journées. Je l'ai relu pas plus tard qu'hier. C'était une femme très stricte. Elle allait à la messe de six heures tous les matins, avec, dans la journée, des moments réservés à la prière, ou à la méditation. Sa journée était très ritualisée, très réglée, son comportement quasi obsessionnel. Elle se soumettait volontairement à une règle rigoureuse qui absorbait le temps qui passe, ne laissant au doute aucun interstice pour s'immiscer dans la conscience. Un activisme un peu fatigant, quoi ! Elle estimait que les autres devaient FAIRE (c'est le Président qui insiste) des choses. Comme elle. Moi, pour dire la vérité, j'adorais rester tranquille dans un fauteuil, à rêvasser ou à lire. La lecture me permettait de lui échapper. Je pénétrais d'autres mondes où nul n'était en mesure de me suivre pour me contraindre. Avec ma mère, c'était toujours : il faut ! il faut ! il faut ! Une obligation qui allait dans le sens du devoir à accomplir. Une instance morale à laquelle il aurait fallu obéir. Toujours. Des injonctions frigorifiants. Moi, je n'aimais pas qu'elle me dérange. Je ne dis pas du mal d'elle, hein ! »

Cette manière de décrire sa mère est spectaculaire. Quelle empreinte un tel rigorisme a-t-il laissée sur l'enfant ? Aura-t-elle été absolue ou le jeune François a-t-il construit des stratégies d'évitement ? Impossible d'en dire quoi que ce soit pour le moment. Je le relance sur le plan anecdotique :

« Quel lien faites-vous entre votre mère et la Thatcher ?

Vendredi 7 mai 1982, 15 h 30

— Je dirais que le rapprochement entre la Thatcher et ma mère ne doit pas se faire entre les caractères de ces deux femmes. Thatcher est autoritaire, certes, mais elle est surtout égoïste. Ma mère avait les mœurs de la bonne bourgeoisie de province, mais elle avait un cœur grand comme ça, avec des capacités de dévouement énormes. Donc, ça n'a rien à voir. Non. Si j'ai pensé à ma mère, c'est qu'elle disait que les guerres étaient toutes des guerres de religions. Elle n'avait pas vraiment tort. Je le rappelle régulièrement aux chefs d'État qui engagent leur pays dans un conflit armé. »

Silence.

La pause que ce silence procure est précieuse pour les deux acteurs du couple analytique. En n'ayant plus à écouter le discours du patient, l'analyste réfléchit au contenu verbal qu'il vient d'entendre. L'analysant, lui, dissimule les pensées qu'il ne saurait livrer au moment où elles apparaissent. Jardin secret qu'il importe de préserver.

« Moi, j'ai appris à lire dans la Bible, qui est à la source de querelles d'interprétations infinies. Alors que, un peu partout en France, les catholiques avaient délaissé sa lecture, en Charente, c'était notre livre de chevet. Une forme de résistance à l'envahisseur. Je vous le dis parce que vous l'ignorez. Jarnac était une cité protestante, comme Cognac ou La Rochelle qui, grâce au traité de Saint-Germain, s'étaient vu attribuer le statut de place de sûreté. C'est à Jarnac, le 13 mars 1569, que le prince de Condé a été traîtreusement assassiné par les troupes du duc d'Anjou. Un coup de pistolet au travers de sa visière levée, alors qu'il se rendait à l'ennemi catholique. Le coup de Jarnac, quoi ! Le second. Le premier, c'est une autre histoire. Je ne vous raconte pas ça pour faire le singe savant mais pour vous expliquer l'état d'esprit de cette région où tout catholique se sentait soupçonné d'avoir participé à la révocation de l'édit de Nantes. »

Quand un patient évite de dire ce qui lui est venu à l'esprit pour ne pas interrompre le bel ordonnancement de ses propos (ici : « ce n'était pas le premier »), il n'est pas inutile de provoquer l'émergence de ce que l'analysant a évité de dire. Un peu de désordre, donc.

« C'était quoi, le premier coup de Jarnac ?

— Ah ça, c'est une autre histoire. Elle concerne un ancien de Jarnac, Guy de Chabot, baron et gentilhomme à la cour de François 1er, qui vécut entre 1509 et 1572. Le duc d'Orléans, dauphin et futur Henri II, accusa Jarnac, en 1547, d'entretenir des relations adultérines avec sa belle-mère. Jarnac demanda réparation. Le dauphin ne pouvant se battre en duel contre un gentilhomme, il demanda à son favori François de Vivonne, seigneur de La Châtaigneraie, de le suppléer. Ce dernier, doté d'une grande force, était une lame réputée. Jarnac, homme mince et délicat, se fit apprendre par un maître d'armes italien une botte secrète. La Châtaigneraie prit l'avantage. Jarnac sortit la botte secrète qui devrait porter son nom et atteignit le jarret gauche de son adversaire en jetant un estoc. Le coup fut jugé loyal par les différents témoins. Avantage définitif à Jarnac. Voilà l'histoire. Vous voyez, bien qu'elle s'inscrive dans la mémoire du lieu de ma naissance, cela ne me concerne pas. »

Pas directement, en effet, mais c'est quand même sur l'histoire incestueuse à l'origine de la querelle, un gars de Jarnac qui aurait eu un commerce amoureux avec sa belle-mère, que le Président a dû caler. Évidence ; il ne peut rien faire de ce savoir pour le moment.

Je laisse le Président poursuivre son propos sur les Saintes Écritures :

« L'état d'esprit de cette région est celui de la Bible, enjeu de combats féroces. C'était des pays où il y avait deux entrées dans les cimetières. Une pour les protestants, une pour les catholiques. Une Bible dont la lecture a influencé mon style, imagé, riche en symboles. Je pense que ce livre sauvage où l'on ne cesse de tuer ou de violer a été très instructif pour ma conception du pouvoir. »

Suspens de la parole présidentielle. Je n'en pense rien de particulier. Laisser le silence faire son œuvre.

« Me sont très présentes à l'esprit les paraboles fortes que ce livre contient, comme celle de la traversée de la mer Rouge par Moïse et le peuple juif. »

Intéressante cette association (identification ?) au chef libérant sa nation de l'esclavage. C'est sans aucun doute une parabole qui reviendra dans la suite de ses propos. Dans le monde contemporain, existe-t-il d'autres matrices symboliques pour le pouvoir souverain que ces figures bibliques ? A-t-il d'autres choix pour figurer son aliénation subjective que de parler de ces figures originelles ? Je sais que non. Reste à mon patient d'en savoir quelque chose.

« Bien. On va s'arrêter là. »

Notes prises à la volée après la séance

Attachement à une figure féminine, rigide, plutôt mystique, discrètement surmoïque. Un tunnel sous la Manche, à creuser...

Vendredi 7 mai 1982, 20 h 30

« Allô, ici le secrétariat du Président.

— Oui ?

— Le Président souhaiterait vous parler, puis-je vous le passer ?

— Oui.

— Ne quittez pas.

— Ici François Mitterrand.

— Oui ?

— Tout à l'heure, en sortant de la séance où j'ai tant parlé de la Bible, le livre dans lequel j'ai appris à lire, un souvenir a refait surface. Je ne sais pas pourquoi. Vous aurez sûrement une idée. Le spécialiste du zigzag langagier, c'est vous. Enfant...

— Non, pas de séances au téléphone. Venez me raconter ça demain. Passez, disons... à 6 h 30.

— J'en ai pour deux minutes, c'est une image de mon enfance qui m'est revenue, je n'en dirai pas plus si je vous vois...

— Je vous attends, demain matin. »

Je raccroche.

Samedi 8 mai 1982, 6 h 30

« Je voulais vous dire : la séance de l'autre jour m'a beaucoup remué. Au point qu'un souvenir lointain s'est imposé. Rien de dramatique. Mais je tenais à vous raconter ça avant de l'oublier. Enfant, il m'arrivait de vérifier sans fin la définition de certains mots. Je me souviens d'avoir mis beaucoup d'obstination à m'assurer que la Charente était un fleuve. Pas une banale rivière. Je lisais le destin terminal de ce boyau aqueux dans le *Larousse illustré*. Aussitôt après l'avoir lu, je doutais du contenu de ma lecture. Il me fallait vérifier l'information à l'infini. Je m'inventais de multiples péchés à confesser pour interroger et réinterroger notre curé ; je me précipitais, en pleine moisson, dans les champs pour interpeller les paysans de la paroisse ; je questionnais les vignerons qui foulaient le raisin avec leurs pieds. Tous répondaient : “François, la Charente est un fleuve !” Rien n'y faisait. Je n'arrivais pas à y croire définitivement. Vous croyez que ce souvenir m'est revenu parce que je vous ai parlé de la mer Rouge dans la précédente séance ?

— Qui sait ? »

Silence.

« Mes interminables interrogations furent colportées par le voisinage auprès de ma grand-mère maternelle. Une femme extraordinaire, qui m'était entièrement dévouée. Sa famille, les Faure, était issue du Pays d'Aigre, une région plus proche de l'Atlantique que la nôtre. »

Silence.

« Oui ?

— Je ne vous en dirai pas plus.

— Pourquoi ?

— La relation à ma grand-mère, je n'en ai jamais parlé à personne.

— Justement, moi, c'est personne.

— Je ne comprends pas votre intervention... Ah si, je vois. Vous me renvoyez en miroir ma propension à me cacher derrière l'érudition. »

Silence prolongé.

Je pense à l'*Odyssée*, ce récit épique qui imprègne la culture de François Mitterrand, et je me souviens de l'histoire racontée par Homère. Un cyclope, nommé Polyphème, rentre, chaque nuit, son troupeau de brebis dans sa caverne. Ensuite, afin de protéger son troupeau des bêtes féroces, il en bloque la sortie par un énorme rocher. Sur le chemin du retour vers Ithaque, Ulysse et ses marins débarquent dans l'île du Cyclope (la Sicile, peut-être). Ils découvrent la bergerie et son contenu : des vases regorgeant de lait, d'énormes fromages, des agnelets par dizaines. De quoi ravitailler un bateau pour plusieurs semaines. Au lieu de se servir en catimini et de repartir sur-le-champ, Ulysse attend l'hôte des lieux. À la vue de la petite troupe, le gigantesque berger monoculaire prend dans sa main deux compagnons d'Ulysse et les fracasse sur un rocher. Il capture le reste de la colonne militaire et dévore chaque soir deux membres de la fine équipe pour calmer sa faim. Décidé à le neutraliser, Ulysse offre du vin à Polyphème. Jusqu'à plus soif. Un dialogue s'engage entre le fils de Poséidon et le roi d'Ithaque : « Quel est ton nom ? » demande le premier personnage. « Je me nomme Personne », réplique le second. Ivre, Polyphème plonge dans un sommeil comateux. Ulysse transperce l'œil situé au milieu du front du Cyclope avec un pieu géant, préalablement taillé, mis dans le feu et chauffé au rouge. Réveillé, aveuglé, furieux, ce dernier hurle à la mort. Les cyclopes de sa fratrie habitant dans les environs se précipitent à la rescousse. Arrivés devant la caverne hermétiquement fermée, ils entendent leur frère injurier Personne. Persuadés que Polyphème est devenu fou, et que sa guérison ne relève que de l'intervention de Zeus, le roi des dieux, ils retournent dormir paisiblement. Le *happy end* est délicieux. Au petit matin, Polyphème ouvre sa caverne et laisse sortir ses brebis. Il passe la main sur la toison de leurs dos, pour vérifier que ses vainqueurs ne s'y cachent pas. Geste vain, le vainqueur de la guerre de Troie, ainsi que ses compagnons de route, s'échappent accrochés aux ventres des ovins et prennent le large.

Le Président interrompt mes cogitations d'une voix menaçante :

« Mais vous n'êtes pas Ulysse répondant au Cyclope : "Mon nom le plus connu est Personne." Et je n'ai pas vocation à terminer comme Polyphème, un pieu enfoncé dans l'œil ! »

La projection de l'inconscient mitterrandien sur la scène de la mythologie grecque constitue un indice important pour l'enquête analytique qui débute : nous trouverons à coup sûr un point aveugle d'importance chez François Mitterrand.

Un trauma rendant problématique la découverte du coupable, comme dans la mythologie ?

Une fixation orale anthropophagique ?

Une rivalité fraternelle se soldant par le sacrifice d'un membre de la fratrie ?

Un accident survenu sur les vastes chemins de sa généalogie ?

Une métaphore qui rend trop vraies les comparaisons entre berger et brebis, Christ et chrétiens, maître et sujet ?

Samedi 8 mai 1982, 6 h 30

Un ancrage semblable à celui d'Œdipe qui, s'étant crevé les yeux, se promène dans les bois de Colonne au bras de sa fille ?

Autant d'interrogations indispensables à mémoriser pour restituer, en temps utile, au locataire provisoire de l'Élysée tout ou partie de son rébus inconscient.

Par sa connotation persécutive, la dernière association d'idées de François Mitterrand m'inquiète. N'a-t-il pas entrevu dans son analyste un personnage susceptible de le rendre aveugle ? Je décide donc de calmer le jeu :

« Bien, on va s'arrêter là aujourd'hui. Vous avez dit des choses importantes, il sera utile d'y revenir. »

Notes prises à la volée après la séance

Rivalités inconscientes qui provoquent chez le patient des défenses paranoïaques. Banales et passagères ou structurelles ?

Mardi 11 mai 1982, 15 h 30

Les yeux fermés, je fais le vide dans ma tête. Et je me concentre sur le cas de mon illustre patient. La direction de cette cure ne va pas être de tout repos. Je m'interroge sur la dernière séance, si particulière par sa tonalité paranoïaque. Je m'inquiète même. Une certitude. J'ai été contre-productif en essayant de lever la résistance du patient. Il ne voulait pas parler de sa grand-mère maternelle quand il a évoqué le souvenir de ce doute obsessionnel sur la définition d'un fleuve ? J'aurais dû le laisser en paix ! Je ne me reconnais guère. J'interviens trop, et trop vite. Ma hâte, inhabituelle, mesure l'influence que le Président exerce sur moi. Son angoisse me contamine. La demande vitale qu'il m'a faite, combattre la mort qui vient, est exigeante, urgente. Malgré la placidité que j'affiche, cette supplique me bouleverse. En me reprenant, j'ai une chance de l'aider à inverser le sablier. Ne plus être dans l'urgence de sa maladie. Revenir au rythme habituel des cures. Prendre mon temps. Afin qu'il retrouve le sien.

La liberté retrouvée par Ulysse à l'issue de l'épreuve retracée par Homère est une bonne chose pour son héros. En sera-t-il de même à l'issue de cette cure pour notre monarque républicain ? Dans un avenir immédiat, il sera sage d'éviter les plaisanteries douteuses, comme l'équivalence sonore entre mythe errant et Mitterrand, ainsi que toute intervention sur les prénoms et les noms de sa famille. Éviter également les figures religieuses : Dieu, apôtres et autres saints. Ne pas relever, non plus, avant un certain temps, ses recours éventuels aux grandes figures de l'Histoire qui ne manqueront pas.

Je n'interviendrai pas plus sur la dimension royale de la fonction qu'il exerce depuis le 10 mai 1981, même si tous les personnages mythologiques jusqu'ici évoqués sont des têtes couronnées. En effet, je postule que cette nouveauté a participé à la désorganisation psycho-somatique qu'il présente. Ne s'intéresser qu'au niveau superficiel, celui des conflits psychologiques que cette quête du pouvoir provoquerait chez quiconque. Rivalité, jalousie, envie. Surtout ne rechercher aucun propos original.

Provoquer le déploiement d'une parole modulée par des réflexions superficielles présente un avantage évident. Il n'entraîne aucun bouleversement cataclysmique, source de rupture précoce dans le travail analytique ou d'aggravation du tableau clinique. Cette lecture psychologique du présent et du passé donne non seulement le bon tempo mais elle présente aussi d'autres avantages. En effet, elle permet d'augmenter la profondeur du champ de réflexion du patient, rendant certains pans de sa vie moins flous.

Ainsi, j'attendrai sereinement que le fond du problème soit abordable. Se posera alors cette question aussi simple que poignante : pourquoi sa nouvelle destinée a-t-elle été foudroyée dans son élan vital ? François Mitterrand répondra à cette interrogation un jour prochain, d'un lieu qu'il apprendra à connaître et qu'il ignore. Comme moi.

Mardi 11 mai 1982, 15 h 45

Le Président franchit le seuil de la porte. La distance qu'il met habituellement entre lui et les autres est atténuée par un franc sourire.

« Bonjour, dit-il.

— Bonjour. »

Il se dirige vers le fauteuil qui l'a accueilli lors des deux premières séances. De la main gauche, je lui indique le divan revêtu de velours noir. J'ai décidé de l'allonger en raison de l'épisode de Personne et du Cyclope rendu aveugle par Ulysse. Il est temps de laisser les patronymes s'exprimer en dehors du champ visuel de l'analysant et de l'analyste.

Le Président s'installe en position semi-assise, le dos soutenu par d'épais coussins, face à un mur de quatre mètres cinquante de haut. Blanc. Lisse. Sans tableaux ou bibelots qui détourneraient la pensée de l'essentiel en jeu dans la séance. Seule la frise qui court tout en haut de la pièce, ornée de roses tressées et de clochettes, pourrait le distraire. S'il tourne la tête sur la droite, le regard qu'il jette à travers la fenêtre est arrêté par les feuilles d'un marronnier centenaire. Sur sa gauche, un autre mur blanc lui barre immédiatement l'horizon.

« Quel temps splendide ! Ça me rappelle le domaine de Touvent chez mon grand-père. Je me souviens des jours de mai comme celui-ci. C'était exaltant pour un jeune garçon, tous ces arbres fruitiers en fleurs. Je vais vous décevoir, vous qui baignez dans le pathos à longueur de journée. J'ai eu une enfance heureuse. Gamin, je trouvais que le monde était beau, harmonieux. Je pensais que les amitiés étaient éternelles, les amours durables, les gens faits pour s'aimer. De ce point de vue, mes parents étaient exemplaires. Il ne m'est jamais arrivé d'entendre ma mère et mon père avoir un mot plus haut que l'autre. Il y avait une harmonie extraordinaire entre eux. »

Je suis apaisé, la faille de la dernière séance s'est refermée aussi vite qu'elle s'était ouverte. Entendre l'ex-jeune Charentais parler de ses ravissements enfantins est satisfaisant et rassurant. Le cours analytique va reprendre le rythme d'un long fleuve tranquille. À moins que les associations libres nous plongent à nouveau dans la Charente.

« Nous habitions en symbiose avec mon grand-père maternel. Allez à Touvent, sur la commune de Nabinaud ! Demandez aux gens s'ils se souviennent de monsieur Lorrain. Tout de suite, ils vous diront : mais bien sûr qu'on s'en souvient ! Moi, j'étais le petit-fils Lorrain. On l'appelait papa Jules. Mon père, lui, c'était papa Joseph. »

Silence.

Je mémorise soigneusement cette indication généalogique : François Mitterrand se vivait non seulement comme un « petit-fils Lorrain », mais « papa Jules » pèse aussi d'un poids paternel non négligeable. L'esprit dans le vague, je garde le silence, sans pensées précises, au bord de la somnolence, signe que la balle n'est pas perdue. Elle est dans le camp du patient, et le Président la remettra en jeu quand il le jugera nécessaire.

« Mon grand-père était issu de trois générations de négociants. C'était quelqu'un d'aisé, à l'esprit aventureux, qui fit fortune deux ou trois fois. C'était un personnage ! Vif, ouvert, rieur. Issu d'une vieille famille charentaise. Son père s'était intéressé à la reconstitution du saintongeais, un dialecte de la langue d'oïl, son lexique, sa syntaxe. Si je voulais résumer, je dirais que j'ai été élevé par une famille dont les racines étaient très locales et très profondes. Et quand j'y retourne, je suis chez moi. Touvent, c'était un lieu très particulier, avec un accent précis. La Dronne séparait la Charente de la Dordogne, la langue d'oïl de la langue d'oc. En ce lieu, s'établit un mélange très précis de parlers que je reconnais immédiatement.

— Auriez-vous un exemple précis ? D'une façon générale, essayez d'être moins abstrait. Parlez-moi de situations concrètes.

— Dans mon camp de prisonniers, je reconnaissais tout de suite les gens de cette région, et j'aimais bien les voir. J'ai invité l'autre jour à déjeuner sept ou huit personnes de cette époque et de ce coin-là. Pour le plaisir de les entendre. Un autre souvenir me revient. Après ma troisième évasion, en décembre 41, je suis entré en France par le Jura en zone occupée. J'ai pris le bus et, au hasard des villages traversés, j'ai reconnu à leur accent des gens que j'avais rencontrés, en 39, à un mariage. C'étaient des cousins apparentés. Les Sarrazin. N'ayant pas d'itinéraire préétabli et ne sachant pas où aller, je suis descendu du bus. J'ai été accueilli là pendant trois semaines par Marie-Claire et Marguerite qui m'ont dorloté, gavé de fromage blanc laiteux. Il n'y avait que des femmes puisque c'était la guerre. J'ai fait de la bicyclette, je me suis reconstitué. Voilà. Mon seul regret, c'est de ne pas avoir racheté la maison de mes grands-parents. Elle m'aurait assuré la continuité. Cela pour vous dire que j'aime mon pays. Comme quiconque. Je ne suis pas le premier. Cela ne vous fait rien quand vous retournez chez vous ? »

Je mémorise ce puissant ancrage régionaliste.

Silence prolongé. Il attend visiblement une réponse. Je décide de céder à la curiosité présidentielle. Je ne briserai pas la neutralité analytique, puisqu'il a lu ma fiche des RG. Et cela atténuera la sensation de monologue qu'il éprouve en évoquant ses figures primordiales à jamais disparues.

« Je suis né Paris, et j'ai vécu l'essentiel de mon existence à Paris.

— C'est triste, quand même. Enfin, oui et non. Quand on lit le premier livre, *Le 6 octobre,* des *Hommes de bonne volonté*, il y a de très belles pages sur un enfant qui joue avec un cerceau dans les rues de Paris. Quand Louis Bastide remonte la rue Clignancourt depuis le carrefour Ordener, il trouve là sa patrie. C'est très bien vu, le cerceau comparé au chien que l'on tient en laisse, ou au cavalier qui guide son cheval...

— De mon temps à Paris, il y avait aussi beaucoup d'espace.

— Comme ce n'est pas mon enfance, je ne peux pas la comprendre. »

Fin de la joute. Question rivalité, il démarre vraiment au quart de tour. Voyons ce qui va suivre :

« Mon grand-père possédait un vaste domaine où nous vivions très nombreux. Trop nombreux, à mon goût de l'époque. Nous étions huit frères et sœurs. Mon grand-père a élevé, en plus, deux cousins germains, orphelins de père. C'était la *gens* romaine. Il y avait de la place. Ça s'explique parce qu'il y avait de la place. Il y avait beaucoup de monde pour s'occuper de ce domaine. Je me souviens, il y avait une laveuse. Il y avait une laveuse qui lavait en permanence. Vous n'imaginez pas tout ce linge à nettoyer. »

Une idée me vient : l'évocation d'une « laveuse, d'une laveuse qui lave toute la journée », à l'exclusion de toute autre personne affectée au service de la vaste maisonnée des Lorrain donne une idée de l'iceberg obsessionnel de mon patient. Une petite pointe bien propre. Dans quel état se trouve la partie immergée ?

« Malgré cette aide, ma mère était absorbée et accablée par ses responsabilités. Ma grand-mère avait peut-être perçu ma solitude dans cette foule, foule familiale, mais foule. Toujours est-il que je suis devenu son préféré. Je lui dois beaucoup. »

L'évocation de la grand-mère maternelle me sort brutalement de ma somnolence. Va-t-il se trouver, à nouveau, sur le fil du rasoir ? Va-t-il encore m'attaquer pour se défendre d'une persécution imaginaire ?

« Excusez-moi de vous avoir verbalement agressé l'autre jour. Pourquoi ai-je vu rouge quand vous avez insisté à propos de ma grand-mère ? Pourquoi ai-je été suspicieux ? Pourquoi ai-je voulu préserver mon quant-à-moi ? Je n'en sais trop rien. Je n'ai aucun mystère à cacher et, même si j'en avais, vu la course de vitesse que je mène contre Thanatos, j'aurais intérêt à tout raconter. J'ai un souvenir très précis avec ma grand-mère. C'est sans doute celui-là que je n'ai pas voulu exposer. C'est curieux, car il est d'une banalité absolue. Que voulez-vous, il s'agit de mon intimité.

— Dites.

— Je devais avoir dans les neuf ans. Nous étions en mai, un jour ensoleillé comme aujourd'hui. C'était un dimanche matin, les cloches de la chapelle sonnaient. Ma grand-mère est entrée dans ma chambre et m'a dit : "François, prépare-toi, nous y allons." C'est peu dire que ma toilette fut rapide et mon petit déjeuner vite avalé. Dehors nous attendait une voiture, avec chauffeur. Une Renault 40 CV. C'était un cabriolet avec une capote beige et un marchepied noir ciré. La peinture était rouge, le vernis brillait. Le chrome du rétroviseur rutilait. Je ne savais pas où ma grand-mère m'emmenait. Elle avait emporté un panier, bourré de provisions. Nous passâmes par Châteauneuf-sur-Charente et l'église Saint-Pierre, par Cognac et l'église Saint-Léger, par Saintes et la cathédrale Saint-Pierre, Rochefort et l'église Saint-Louis. Pour mamie Eugénie, une halte, une prière. Pour moi, un arrêt, une leçon de choses sur les automobiles. Prenez une carte, vous verrez, sans autoroute, c'était une sacrée trotte. L'excursion se termina par un pique-nique au bord de l'estuaire de la Charente. Le soleil était encore haut. Elle avait choisi une plage déserte, à côté de Fouras. Elle sortit les grillons froids, les portions de cagouilles, le noir gigouri, qu'elle préférait appeler "tantouillée". Nous levâmes le camp lorsque les vagues commencèrent à attaquer la nappe blanche qui reposait sur le sable. La voiture recouverte de poussière et d'embruns nous ramena. Étaient-ce les grands yeux bleus et les prières réitérées de ma grand-mère le long du cours de la Charente ? ma vue saturée d'océan Atlantique ? mon estomac gavé de victuailles saintongeaises ? Je ne sais ni comment, ni pourquoi, mais je repris mes esprits. Je sus irrémédiablement que la Charente était un fleuve. Je fus contente pour elle, comme pour l'ensemble des rivières au destin moins glorieux.

— ...

— C'était grave, docteur, ce dérangement... passager ?

— Je ne savais pas que votre grand-mère possédait un savoir analytique.

— Que voulez-vous dire ?

— Elle a calmé votre doute sur la Charente par une véritable interprétation.

— C'est nouveau, ça. J'avais une grand-mère psychanalyste ! Décidément, on trouve de tout en analyse. Vous ne manquez ni d'imagination ni d'humour. »

Il est évident que le patient ne saurait entendre directement les implications de la polysémie du mot mer. Ni recevoir sans détour l'interprétation œdipienne que recèle sa ritournelle infantile : la Charente se jette-t-elle, oui ou non, dans la mer ? Le double sens du mot « mer » (mère) lui permettait, en effet, de flirter avec une série d'énigmes : ce retour à la mer est-il, oui ou non, autorisé ? Ces retrouvailles sont-elles, oui ou non, interdites ? S'agit-il là d'un péché ? Pour François Mitterrand, comme pour chaque personne atteinte d'un doute obsessionnel, l'indécision maintient une quête de vérité aussi légitime qu'infinie. Ne jamais trancher, laisser tourner à vide le moulin de la parole devient une nécessité. De cette manière, son ignorance affichée maintient François Mitterrand à distance du corps du délit, tandis que son savoir inconscient le rapproche de l'objet convoité. Surtout laisser le tranchant de la vérité en suspens mais intervenir quand même.

« La levée de votre doute ne s'est faite ni par l'opération du Saint-Esprit, ni par l'inhalation d'un bol d'air marin, ni par l'ingestion de victuailles charentaises. Non. Votre grand-mère a entendu votre question. Tout simplement. Le destin du fils est-il, oui ou non, de rester collé à sa mère ? En vous emmenant au bord de l'estuaire de la Charente, elle vous a fait savoir qu'il ne vous était pas interdit d'être vous-même un fleuve impétueux. »

Silence.

« Vous savez à quoi ce que vous venez de dire me fait penser ? Je me sentais beaucoup mieux à Touvent qu'à Jarnac. Chez ma grand-mère plutôt que chez ma mère. Je ne sais pas si cela apporte de l'eau à votre moulin, mais Touvent est traversé par une petite rivière large de trois mètres, la Dronne, alors que Jarnac est parcouru par la Charente. Au milieu de la Dronne, sur une île, il y avait, d'ailleurs, un moulin. Où j'aimais beaucoup jouer.

— C'est une façon pertinente de réinterpréter la manière dont votre mémoire a engrangé votre passé. La relation à votre grand-mère calmait le jeu que vous désiriez jouer avec votre mère.

— À quinze, seize ans, j'étais très sensible. Les paysages m'émouvaient. À chaque fois que je découvrais un nouveau fleuve, un nouvel océan, je faisais un poème. J'ai dû faire vingt-cinq, trente odes sur le Nil, l'Amazone, le Niger, le Tage avec sa tour de Belém à Lisbonne. J'ai toujours pensé que ça excitait mon imagination. Et là, vous êtes en train de me faire entendre que cette écriture n'était qu'une manière de me rapprocher de ma mère. Une manière de lever un interdit œdipien. C'est peut-être pour cela que mes poèmes étaient si mauvais ! Jean-Baptiste Botul l'a dit. Je reprends sa pensée à mon compte : “Écrire, comme tout acte, ne pardonne pas”. »

Un silence s'installe d'une qualité particulière. Comme si l'espace se remplissait d'une tranquillité paisible, dénuée de toute anxiété.

« C'est étonnant de revisiter mon passé avec ce nouveau savoir sur ma mère.

— À quoi pensez-vous ?

Mardi 11 mai 1982, 15 h 45

— À la définition de l'action politique que j'ai pu donner dans *La Paille et le Grain.*

— Oui ?

— Je disais à peu près ceci : Le fin du fin de l'action politique consiste à remonter aux sources pour atteindre la mer. Démarche ardue, on l'admettra.

— Bien. On va s'arrêter là. »

Notes prises à la volée après la séance

Deux temps dans la séance.

Dans le premier, il n'est pas question du père Mitterrand. Par contre, les Lorrain sont omniprésents.

Dans le second moment, François Mitterrand a abordé sa passion pour l'écriture. Qui le protège de sa mère et l'en rapproche.

Vendredi 14 mai 1982, 15 h 30

Je ne suis pas le seul à attendre. L'ange gardien, Charles Donnedieu, fait de même. Il s'ennuie ferme et vient me faire la causette.

« Il n'est pas encore parti, me fait-il savoir. Il sera en retard, aujourd'hui. Dès qu'il quitte le palais, je vous préviens.

— Merci. »

En manque d'interlocuteur, il continue de m'instruire sur l'art de la protection rapprochée :

« Mon travail, c'est la réception de Tonton. Quand il circule sur la voie publique, une voiture le suit de près. Avec un motard. C'est très discret. Sa sécurité ne dépend pas de moi. Quand il arrive à destination, le terrain doit avoir été préalablement sécurisé. Au restaurant, par exemple, la veille, je passe reconnaître les lieux. Une heure avant, je vérifie les cuisines, le lieu où il va manger, les issues de secours. Pendant le repas, je déjeune dans la même salle que lui, à distance suffisante pour que la confidentialité de sa conversation soit préservée. Néanmoins, rien ne doit s'interposer entre sa table et la mienne afin que je puisse intervenir à tout moment. En réalité, nous sommes toujours deux policiers pour le protéger. Notre entraînement est très poussé. Quand on tire, on s'y met à deux. Les témoins n'entendent qu'un coup. À l'autopsie, on retrouve deux balles. La difficulté de mon métier, c'est la routine. Nous sommes dressés pour éviter qu'on ne l'assassine. Et personne ne le tue. Les pompiers ont plus de chance, il y a des incendies de temps en temps. Bon, je vous laisse. »

Vendredi 14 mai 1982, 15 h 45

Le téléphone sonne. D'ordinaire, entre les séances, je le laisse débranché. Par contre, dès qu'un patient s'allonge, j'interromps la sonnerie. Il me paraît inutile de confronter l'analysant à des coupures artificielles. Celles de sa vie sont assez sévères pour ne pas en rajouter. Bref, le temps de la séance ne saurait s'apparenter à l'espace où se déroule un protocole de psychologie expérimentale.

Fort de cette évidence, je décroche le combiné.

« Allô, ici François Mitterrand. Impossible de venir à 15 h 30. Est-ce que vous pourriez me recevoir en fin de journée ? Je vois d'urgence l'envoyé spécial qui revient du Moyen-Orient. La guerre entre l'Irak et l'Iran me révulse. Ces combats sont indignes. Je refuse que les hommes vivent le corps à corps des tranchées, l'asphyxie par les gaz, les saignées démographiques, comme au temps de la Grande Guerre. Je me souviens de l'ambiance de mon enfance. Dans les communes rurales, sur cinq cents habitants il y avait au moins quarante morts. C'était très pesant tout ça : des filles ne se remariaient pas, il y avait des veuves vraiment inconsolables. Ça comportait toute une série d'abattements et de démoralisations. J'essaie d'obtenir un cessez-le-feu, mais Khomeiny est difficile à convaincre. Et les Israéliens le soutiennent. Je vous tiendrai au courant des développements.

— Passez à 20 h 45 », dis-je du ton froid pris par les analystes afin de feindre l'indifférence.

Notes prises à la volée après la séance

Tentative d'intercession dans une guerre de religions, une vraie celle-là, même si l'odeur du pétrole recouvre les champs de bataille. Pourquoi a-t-il fait ce lien entre mort et sexualité dans l'évocation de sa guerre de 1914-1918 ?

Vendredi 14 mai 1982, 21 heures

« Merci de me recevoir à l'improviste. J'imagine que vous ne manquez pas d'obligations. Un dîner. Un spectacle peut-être. Des enfants qui vous attendent. Une communication scientifique à terminer. Moi, je vais être obligé de repartir d'ici un quart d'heure. C'est un dîner officiel. Le protocole m'oblige à être à l'heure. Néanmoins, j'ai tenu à venir pour vous parler d'une ancienne manie. Quand je suis sorti d'ici l'autre jour, il m'est venu deux ou trois choses à l'esprit en lien avec la poésie. Des choses si insignifiantes dans l'histoire d'un président qu'elles doivent receler une part non négligeable d'inconscient. J'ai peur de ne plus m'en souvenir si je ne les vous livre pas rapidement.

— Oui ?

— J'ai appris le latin très jeune. J'ai commencé en 1926, lors de mes séjours prolongés chez mon grand-père, avec le curé de Laprade, Joseph Marcellin, une paroisse proche de Touvent. Je n'ai jamais été un as en latin. Mais j'étais un bon élève pour la récitation des poèmes. Je me souviens que, pour mon plaisir, je découpais, ce qui était l'enfance de l'art, les rythmes qui font les pieds en latin. Je n'en faisais pas la traduction, ce qui eût été infiniment plus consciencieux de ma part. Je saturais mes livres de traits verticaux ou horizontaux pour marquer la prosodie.

— Quels étaient les auteurs à qui vous faisiez subir ces ratures ?

— Le nom d'Horace me vient en premier.

— Et ce nom, ça vous fait penser à quoi ?

— À Chateaubriand, que j'ai beaucoup lu.

— Mais encore ?

— Je me souviens très précisement d'un texte où il cite Horace : "Le hasard fit tomber entre mes mains un *Horace* non châtié et une histoire des *Confessions mal faites*. Le bouleversement d'idées que ces deux livres me causèrent est incroyable : un monde étrange s'éleva autour de moi. D'un côté, je soupçonnai des secrets incompréhensibles à mon âge, une existence différente de la mienne, des plaisirs au-delà des miens, des charmes d'une nature ignorée dans un sexe où je n'avais vu qu'une mère et des sœurs ; d'un autre côté, des spectres traînant des chaînes et vomissant des flammes m'annonçaient les supplices éternels pour un seul péché dissimulé. Je perdis le sommeil ; la nuit, je croyais voir tour à tour des mains noires et des mains blanches passer à travers mes rideaux ; je vins à me figurer que ces dernières mains étaient maudites par la religion, et cette idée accrut mon épouvante des ombres infernales. [...] Dès lors, je sentis s'échapper quelques étincelles de ce feu qui est la transmission de la vie." C'est d'une puissance formidable, non ? Je sais, inutile de me faire la leçon, il me reste à comprendre pourquoi je me suis souvenu de ce texte, ici et maintenant. *Hic et nunc,* comme vous dites.

— Et alors ?

— Je donne ma langue au chat. »

Je note que la citation comprend un passage sur les mains noires ou blanches, et que ces dernières seraient maudites par la religion. L'ambivalence obsessionnelle que ce passage révèle n'est pas nouvelle. Le Président en a déjà livré d'autres indices. Mais là n'est pas l'essentiel. La proximité entre la situation personnelle de mon patient et celle de l'auteur des *Mémoires d'outre-tombe* est flagrante. Ne sont-ils pas, en effet, tous deux dans la même situation : être confronté aux charmes d'une nature ignorée dans un sexe où ils n'avaient cru voir qu'une mère et des sœurs ? Oh, que le désir inconscient est joliment dit par les poètes. Je décide donc d'intervenir avec mes gros sabots :

« Chateaubriand est très explicite dans son œuvre. Il prend feu pour Didon, s'affole sur Lucrèce, délire sur Tibulle. Ses parents, ses maîtres ignoraient qu'il trouvait dans ses lectures la description des désordres de l'âme. Était-ce votre cas ?

— Vous me posez deux questions. Je vous ferai donc deux réponses. Tout d'abord, la version d'Horace dont je disposais au collège d'Angoulême était une version expurgée. Ensuite, puisque vous voulez tout savoir, contrairement à Chateaubriand, la latinité n'est pas devenue mon lupanar. Par contre, il me semble possible de rapprocher mes deux symptômes de l'époque. Un, le doute quant à la nature de la Charente, fleuve ou rivière. Deux, ma manie de calculer la prosodie dans les pièces de poésie latine. Dans le premier cas, je ne savais pas qu'il s'agissait de couper entre moi et ma génitrice. Ça, je l'ai compris à la dernière séance. Avant, je ne savais pas qu'il était question de sectionner le lien entre un fils et sa mère. Que le corps du premier ne saurait fréquenter l'anatomie de la seconde. Aujourd'hui, je comprends autre chose. Les traits verticaux et horizontaux dont je truffais mécaniquement mes livres de poésie latine avaient une fonction : couper. Chercher où mettre la barre était une manière élégante de couper le lien qui me reliait à ma mère. Mon doute se calmait quand je pratiquais mécaniquement cette coupure sur la poésie latine. »

La simplicité de cette découverte paraît trop belle pour être vraie. Elle se fonde sur une véritable érudition pour mieux la subvertir.

Vendredi 14 mai 1982, 21 heures

L'érudition consiste à décrire une certaine réalité. Les vers latins sont composés de combinaisons de syllabes longues et brèves, accentuées ou non, qui composent des unités métriques appelées pieds. Par exemple, le dactyle est une longue suivie de deux brèves ; un iambe, une brève suivie d'une longue. La prosodie est l'art de décompter ces syllabes longues ou brèves et de décompter les pieds qu'elles forment. La coupe, c'est l'inflexion rythmique qui marque une sous-unité dans le vers. Un peu comme la « césure à l'hémistiche » dans les alexandrins français, qui découpe le vers en deux fois six pieds.

La subversion provient de cette autre réalité qui s'impose, ce matériel érudit est le substrat nécessaire à la mise en œuvre d'un symptôme qui vise à métaboliser le désir inconscient.

Pourtant, il en va ainsi dans la cure. Par moments, le ciel se dégage, laissant le sujet sans filtre face à l'astre solaire. Je m'apprête à gloser sur cette évidence, mais le Président me précède.

« Bon, y faut que j'y aille. »

Il se lève précipitamment. Et part. Je pense : voilà qu'il scande lui-même les séances maintenant.

Notes prises à la volée après la séance

Citer l'auteur du *Génie du christianisme* pour évoquer l'origine de son désir, quel culot !

Mardi 18 mai 1982, 14 h 30

Le Président est mon premier patient de l'après-midi. J'ai une heure pour moi. J'en profite pour céder à mon délice favori, la sieste. Je m'allonge sur le divan. Je rêve. Un songe un peu flou qui consiste à compter les moutons du cyclope Polyphème pour m'endormir. Dans la caverne, François Mitterrand, Ulysse en tenue de léopard, entretient le feu. À ses côtés, Pénélope. Je compte. Douze. Treize. Quatorze. Quinze. Je le sens, le sommeil me gagne.

L'insistante sonnerie du téléphone interrompt mon commerce onirique avec le Président. Je peste contre l'importun. Le mal est fait. Je décroche.

« Allô, Mitterrand à l'appareil. »

J'entends : « Mitterrand à-la-pareille ». Est-ce moi qui suis dans les limbes ou lui qui parle de travers ? Dans la dernière hypothèse, lui, c'est lui ? ou lui, c'est elle ?

« Ma fille voulait me voir d'urgence. Je vous expliquerai ça la semaine prochaine. »

Je ne suis pas totalement sourd. Une fille. Sans doute une pareille au même.

« À la semaine prochaine », dis-je, en écho parodique de ses derniers mots.

Notes prises à la volée après la séance

Dévoilement du privé le plus secret. La méfiance de François Mitterrand s'installe. L'analyste va-t-il se répandre en ville ? Les écoutes vont-elles révéler ma trahison ?

Vendredi 21 mai 1982, 12 h 55

« Bien, on va s'arrêter là. Vous avez évoqué les vêtements que vous mettiez enfant, après que votre frère aîné les avait portés. C'est important. Revenez là-dessus la prochaine fois. »

Le dernier patient de la matinée part.

Vu de l'extérieur, le métier de psychanalyste semble monotone. Toujours les mêmes interventions, relances ou scansions. Interchangeables parfois d'un patient à l'autre. En réalité, il n'en est rien. C'est une activité passionnante. Il est vrai que c'est un métier qui s'apparente à celui de chercheur d'or. L'orpailleur brasse des tonnes de sable ou de roche pour extraire une pépite. De même, le psychanalyste passe au tamis des flots de discours pour s'arrêter sur les joyaux de l'inconscient, jeux de mots, lapsus, assonances récurrentes susceptibles de réorienter une vie.

J'ai faim. Je m'apprête à sortir.

Le téléphone sonne.

« Allô, ici, le secrétariat du Président. Il est très fatigué, il ne pourra venir. Il sera présent mardi prochain. Ne vous inquiétez pas, il pense à vous. »

Je décide de ne plus me laisser déborder. Qu'il me parle au téléphone, qu'il demande à sa secrétaire de me laisser un message, c'est du pareil au même. Il me balance des éléments essentiels, présence d'une fille, liaison mort et sexualité, alternance de présence et d'absence, que je ne pourrai pas reprendre dans les prochaines séances. À ce jeu-là, je ne suis pas près de sortir de l'auberge. Et lui non plus.

« Dorénavant, il est inutile de me prévenir de ses absences et de leurs raisons. Je ne suis pas inquiet. Je l'attends, les séances manquantes sont à payer. C'est tout. Une précision, la psychanalyse ne se fait pas par téléphone. La présence du corps qui soutient la voix est essentielle, surtout dans son cas. Merci de lui transmettre ce message, il comprendra. »

Je raccroche calmement. La situation est difficile. Il est vital de tenir le cadre. Sans être trop rigide. Avec les tâches qui sont les siennes, il ne viendra pas deux fois par semaine. Je prévois donc de le garder plus longtemps lorsqu'il pointera son chapeau. Quitte à lui proposer des séances supplémentaires lors des moments cruciaux.

Vendredi 21 mai 1982, 12 h 55

Notes prises à la volée après la séance

Tentative de retournement de la situation. Le Président teste la résistance au manque de son analyste. En retour, la question qu'il pose est la suivante : et si l'objet disparaissait ? Quel objet ?

Mardi 25 mai 1982, 15 h 40

Quinze jours d'absence. Je parcours mes notes, histoire de me remémorer les éléments qui sont déjà en ma possession. Synthèse : rivalités inconscientes, imaginaire saturé d'images mortifères, idéal féminin mystique à injonction surmoïque, tendances obsessionnelles, point aveugle au potentiel déstructurant. Et voilà pourquoi votre fille est malade.

Ce jargon de spécialiste, incompréhensible pour le profane, est bien joli. Il m'apaise, certes. Il n'éclaire pas ce qu'il en serait de l'enfance d'un chef, ni ce qu'il en est des facteurs déclenchants de sa maladie. Que dénote sa difficulté à s'extraire quelques minutes du monde tourbillonnant où il joue sa mise ? Une résistance certaine, à coup sûr. Néanmoins, ses absences ne m'inquiètent pas : François Mitterrand associe facilement, possède un humour solide, traits personnels de bon aloi pour la pratique d'une cure.

Les jappements de son labrador se font entendre. Dans quelques instants, il sera à nouveau présent.

Le Président pénètre dans la pièce avec cette façon bien à lui de marcher, le corps rigide, torse bloqué en extension verticale pour faire toute sa hauteur malgré ses soixante-six ans.

Sans un mot, il jette son chapeau et son écharpe sur le fauteuil, garde la veste grise à fines rayures blanches assortie à son pantalon anthracite et se cale confortablement sur le divan.

« Je suis un ami des chapeaux. Comme je suis un peu chauve, ils cachent ma calvitie et me protègent du froid. J'ai accepté de donner un de mes couvre-chefs au musée du chapeau qui se trouve à Chazelles-sur-Lyon. Il paraît que l'on juge un homme politique sur ses actes. En voilà un qui fera date, non ? »

Silence.

« Comment et pourquoi suis-je devenu président ? J'imagine que si je vous raconte comment j'ai escaladé la France jusqu'à son sommet, vous serez mieux outillé pour m'aider ? »

Je ne trouve pas utile d'entendre une longue litanie sur sa biographie officielle. Aussi ferai-je dérailler le tortillard autobiographique à la première occasion. Reste à repérer les aiguillages sonores susceptibles de se prêter à cette manœuvre.

« S'il fallait à tout prix trouver le point originaire de ma conquête du pouvoir, je le situerais en 1959. Élu maire de Château-Chinon, j'ai décidé de louer, à l'année, une pièce à l'hôtel du *Vieux-Morvan*. J'ai pris la chambre numéro 15. »

Une quinte de toux saisit François Mitterrand.

Les paroles d'un sketch d'anthologie, « Dis, Tonton, pourquoi tu tousses ? », me viennent immédiatement à l'esprit. Je me souviens aussi du décès prématuré de Fernand Raynaud au volant de sa voiture, sur la route de Gannat. C'était en 1973... Je trouve intéressante la conjonction entre humour et tragique qui vient de s'effectuer dans ma tête. Faisant confiance à mon flair pour lever les lièvres inconscients, j'interromps Tonton :

« Pourquoi la 15 ? »

Silence épais, ponctué d'un petit raclement de gorge.

« Pourquoi me demandez-vous ça, vous faites dans la numérologie maintenant ?

— Répondez simplement à ma question.

— Le 15 déclenche chez moi un réflexe pavlovien. 15 deux fois, c'est 1515, Marignan. C'est sans doute à ça que vous avez pensé. L'équivalence entre François Ier, roi de France, et François II, président des Français. À part que le premier est né à Angoulême et que moi je suis allé en pensionnat dans cette ville, je ne vois pas de rapport... Si ! Je me souviens d'avoir écrit un texte avec Marignan. C'était juste après Mai 68. J'avais concocté un trait d'humour contre de Gaulle. J'avais écrit : "C'est dans l'histoire des dates apprises par cœur, des naissances de dauphins, des fiançailles de princesses et de bataille de Marignan, qu'il a retenu sa place." Cette charge littéraire, vous la trouverez dans *Ma part de vérité*. Elle n'est pas un atrabilaire morceau de bravoure antigaulliste. Je voulais simplement dire que de Gaulle n'avait pas cherché à modifier les structures d'une société hors d'usage. »

De Gaulle, la cible contre laquelle va se bâtir son excellence politique. Il s'agit là, me semble-t-il, d'un dérivatif. En effet, la pointe irritative que sa quinte de toux a révélée ne provient pas des querelles du vieux couple de Gaulle-Mitterrand. C'est du moins ce que je pense à ce moment-là. Il y a anguille sous roche. J'essaye donc de débusquer ce poisson d'eau douce qui a pour particularité de se reproduire dans la mer des Sargasses.

« Le 15, ça vous évoque quoi d'autre ?

— Dans cette année 1959, où je deviens maire de Château-Chinon, une ville où il n'y a ni château ni vin de Chinon, le 15 mars, c'est la date du deuxième tour des élections municipales. Je ne vois pas en quoi cela fait avancer mon histoire. »

Loupé ! On ne force pas le verrou inconscient. Je me fais une raison, je ne connaîtrai rien des motifs de son étouffement. Du moins, en ce jour.

Silence.

« Tiens, c'est étonnant. Je pense au 15 octobre 1959. C'est une date qui a compté dans ma vie, ça.

Mardi 25 mai 1982, 15 h 40

C'est dans la nuit du 15 octobre que "l'affaire de l'Observatoire" éclate. On a toujours décrit cet épisode de ma vie politique comme ténébreux. Il n'y a pourtant rien de plus lumineux. Une certitude : il a failli briser ma carrière politique. Définitivement. Cet événement s'est perdu dans les limbes de la IVe République, je tiens cependant à établir la vérité qui s'y rattache.

— De quelle vérité parlez-vous ?

— Vous connaissez l'histoire de France. Je n'ai pas besoin de vous rappeler qu'en 1958, profitant des événements d'Algérie, de Gaulle accuse le régime des partis d'avoir ruiné la nation. Quand, le 13 mai 1958, j'apprends que Pierre Pflimlin, président du Conseil, démissionne, je sais que son coup d'éclat est un coup d'État du général de Gaulle et qu'il fera voter une Constitution à sa main. Je m'oppose à lui. Résultat : aux élections législatives de novembre 1958, je suis battu dans ma circonscription du Morvan. Là, j'ai su que mon opposition allait être de longue durée. Une fois le pouvoir pris, de Gaulle ne le lâcherait plus. J'avais appris à le connaître à Alger. Je vous raconterai ça un jour. Pour l'heure, maintenons notre attention sur cette période du gaullisme. Grâce à Dieu, les grands électeurs de la Nièvre me repêchent. Nous sommes en 1959. Me voici sénateur. À l'âge de quarante-trois ans ! Nous sommes à une époque tragique, inimaginable aujourd'hui. En Algérie, les grands colons ne veulent rien lâcher, ni leur pouvoir ni leur fortune. Ils éliminent, par tous les moyens, ceux qui préconisent le dialogue avec le FLN, y compris les crimes de sang. Moi, je fais partie du camp du dialogue. Je suis une cible potentielle des commandos qu'ils ont lâchés dans la nature. Je le sais.

— Comment ?

— Ne m'interrompez pas, s'il vous plaît. Je parle. »

Le Président est lancé dans une justification de son action politique, discours manifeste par lequel il est nécessaire de passer pour qu'un lapsus advienne ou d'autres éléments imprévus. Reste à entendre les arguments qu'il va déployer.

« Au début du mois d'octobre, Robert Pesquet, un menuisier, ancien député poujadiste du Loir-et-Cher très lié aux mouvements d'extrême droite, demande à me rencontrer. Je n'ai aucune raison de me méfier de lui, au contraire puisque nous avons été éliminés de la Chambre des députés en même temps. Entre anciens collègues de l'Assemblée nationale, il existe une connivence de corps qui nous protège, en principe, des coups fourrés. L'individu me donne rendez-vous sur le Pont-Neuf, au pied de la statue équestre du roi Henri IV. J'engage la conversation : “Pesquet, que devenez-vous ? Je sais que vous n'êtes plus député et que vos amis ne vous soutiennent guère. Venez à gauche, les gens sont plus solidaires. Regardez, moi, je suis sénateur, maintenant.” Mon ancien camarade d’Assemblée ne me répond pas et m’entraîne dans les escaliers qui mènent au square du Vert-Galant. Bruit des péniches et des bateaux-mouches, clapotis de la Seine. En ce 7 octobre, nous sommes à l’abri des écoutes. Et là, surprise : “Je suis chargé de vous abattre”, me dit le tueur en puissance. Cette phrase me transporte en un autre lieu, en un autre temps.

— Où donc ?

— Je suis devant Verdun, à la cote 304, face à l’espace du Mort-Homme, célèbre pour les pertes inouïes infligées aux Français par les Allemands en mars 1916. Nous sommes le 14 juin 1940. Comme au cinéma, je vois les Allemands arriver, magnifiques, en culottes courtes, mitraillette au bras. Il fait très beau. Nous cueillons des fraises des bois. Soudain, l’un de nous est criblé de balles. Mon ami Morot-Sire, mon chef direct, et moi sommes touchés par un même obus. Lui a le genou traversé. Je suis touché par un éclat qui pénètre juste à côté de ma colonne vertébrale, passe sous l’omoplate, déchire un peu la plèvre et s’arrête à la jointure de l’épaule. La mort nous entoure depuis quelques jours. Nous avons pas mal de tués. Le caporal Bodiou, qui venait de Lannion, a été réduit en marmelade par un obus. Une section de ma compagnie a sauté dans un fortin. Pour ma part, j’avais l’intuition que je survivrais.

— Vous éprouviez un sentiment d'immortalité ?

— Non, ce que je veux dire, c'est qu'à ce moment précis je n'ai pas eu peur. Par contre, quand je quitte ce passé et que je reprends pied sur les quais de la Seine, je me vois mort, les bras en croix, gisant sur le pavé parisien, la chemise maculée de sang. C'est une vision glacée comme celle d'un tableau hyperréaliste qui me frappe, sans m'inquiéter. »

Silence.

Je reste muet, tout en enregistrant dans ma tête ce scénario, qui relève de la vérité phantasmatique de son auteur. Le Président continue son récit :

« Je demande des précisions à Pesquet. L'ex-menuisier ne connaît pas le nom du donneur d'ordre. Il est en relation avec le menu fretin activiste auquel il a demandé un délai afin de me prévenir. Si Pesquet refuse d'exécuter le contrat, ses commanditaires affréteront quelqu'un d'autre. Mon meurtrier potentiel me propose de simuler l'attentat. Si les ultras ratent une fois leur cible, ils n'insisteront pas. Telle est sa conviction. Elle devient vite la mienne. Je crois sincèrement qu'il veut sauver ma peau et que cette tactique constitue une excellente manière d'y parvenir. Nous nous mettons d'accord sur une date pour commettre l'attentat virtuel, ce sera dans la nuit du 15 octobre. »

Je suis conscient que je ne devrais pas intervenir, mais les propos de François Mitterrand sont tellement illogiques que je l'interromps comme si nous étions en train de dialoguer dans un salon :

« Pourquoi avoir accepté cette mise en scène ? L'ancien ministre que vous aviez été, le sénateur que vous étiez pouvaient demander et obtenir la protection des forces de l'ordre !

— Vous n'y connaissez rien, la police était aux ordres de ceux qui désiraient m'abattre ! Elle n'aurait pas bougé le petit doigt. Par contre, avec ma stratégie, elle me fournirait obligatoirement la protection rapprochée qui m'était due. Et puis, cessez donc de m'interrompre à tout bout de champ si vous voulez comprendre mon histoire ! Donc, le soir du 15, je dîne chez *Lipp*, boulevard Saint-Germain, avec mon ami Georges Dayan. Je lui fais part de la mort qui rôde et la manière envisagée pour m'en soustraire. Vers minuit, je sors de la brasserie pour aller garer ma 403 dans l'avenue qui longe les jardins de l'Observatoire. J'en descends, en laissant une portière ouverte. Je me cache derrière un buisson. Ma voiture est mitraillée. Sain et sauf, il me reste à porter plainte. Ce que je fais, content d'avoir détourné à mon profit l'anonyme volonté criminelle qui me visait.

— Oui ?

— Le lendemain, tohu-bohu. La gauche s'indigne, déclarant que la guerre civile et le fascisme menacent. La droite extrême crie à une provocation qui vise à réprimer les partisans de l'Algérie française. Bonheur. Pour la bonne cause, je sors du purgatoire dans lequel de Gaulle m'a envoyé et me retrouve en pleine lumière. Ma félicité est de courte durée. Le 20 octobre, Pesquet convoque la presse et affirme : "C'est à la demande de François Mitterrand que cet attentat a été monté." Le lynchage médiatique est total. Comment un ancien garde des Sceaux a-t-il pu mentir et outrager la magistrature ? piaillent les uns. Comment un ancien ministre de l'Intérieur a-t-il pu atteindre l'autorité morale de la police en provoquant une enquête inutile ? tonnent les autres. Au Sénat, un mois après les faits, j'ai l'occasion de me défendre. Je contre-attaque. Pour expliquer aux Français que la volonté meurtrière existe chez mes ennemis politiques, j'accuse Michel Debré, chantre de l'Algérie française, d'avoir monté cette affaire contre moi. Rien n'y fait, mes courageux collègues de la haute Assemblée votent la levée de mon immunité parlementaire. »

Silence.

« Je dois ma survie politique à la lenteur de la justice. Entre l'instruction, le premier jugement, l'appel, le pourvoi en cassation, le temps est passé. L'amnistie a fini par couvrir les faits. C'est Roland Dumas qui... »

Afin de fournir une image idéale de lui, l'analysant mystifie son psychanalyste, délibérément. Pour la même raison, il se trompe lui-même, tout aussi sciemment. Inconscient oblige, il ne sait pas ce qu'il dit. Aussi, sans même le savoir, leurre-t-il et son analyste et lui-même. Autant d'éléments à mettre en perspective, me semble-t-il, pour comprendre cette séance. François Mitterrand souhaite que je rapporte fidèlement ses propos sur une période des plus controversées de sa carrière politique, que je reproduise son récit, comme un historien mondain ou un mémorialiste officiel. Je ne suis pas là pour inscrire les événements politiciens dans le marbre de l'Histoire. Néanmoins, en entendant autrement ce matériel verbal mensonger, une vérité particulière est susceptible de surgir. Bref, il est nécessaire de montrer que je ne suis pas dupe de la manœuvre. J'interromps le récit de cette autohagiographie :

« Dans le scénario que vous avez imaginé, je vois deux séquences. Vous, mort, le thorax ensanglanté, les bras en croix. Vous, quelques jours plus tard, revenant miraculeusement d'entre les morts. C'est un peu christique comme manière de procéder politiquement, vous ne trouvez pas ? »

J'ai la sensation d'être en avance sur ce qu'il est susceptible d'élaborer. Mais qui sait ? Les lecteurs non habitués aux interprétations freudiennes, en particulier celles portant sur les stigmates qui affectent les hommes politiques, trouveront sans doute mon intervention tirée par les cheveux. À lire la suite de la séance, ils comprendront comment le plus intime d'un sujet s'articule au monde culturel qui l'a façonné.

« C'est amusant ce que vous dites, reprend – pas du tout déstabilisé –, le Président. Ça me rappelle un article de presse paru à cette époque. Indulgent, lui. François Mauriac, dans l'un de ses "Bloc-notes" est venu à mon secours. Je me souviens par cœur du papier qu'il écrivit dans *L'Express* : "Moi, je lui sais gré de sa faiblesse : elle témoigne qu'il appartient à une autre espèce que ceux qui l'ont fait trébucher et qui, sans doute, avaient deviné en lui une faille secrète. Mitterrand était capable de faire confiance à un homme taré, qui feignait de se livrer à lui. C'est qu'il a été un garçon chrétien, pareil à nous, dans une province... La blessure chrétienne ne se cicatrise jamais tout à fait dans le cœur en apparence endurci..." »

Je soupire intérieurement. La blessure chrétienne, c'est bien sûr celle du Christ, cette identification politique au fils de Dieu est une donnée essentielle qui affleure aujourd'hui. Inutile d'insister là-dessus. Voyons plutôt qui est, pour lui, François Mauriac.

« Et que pensez-vous du soutien de cet écrivain ?

— Je le soupçonne d'avoir été gentil avec moi pour plusieurs raisons. Par fidélité filiale, tout d'abord : c'était un ami intime de ma mère et de mon oncle maternel. Il avait connu ce dernier, Robert Lorrain, au

Grand-Lebrun, le collège de Bordeaux. Puis, en 1907, ils se sont liés d'amitié dans l'internat des Pères Maristes du 104, rue de Vaugirard. Par charité chrétienne, ensuite : François était un catholique très pratiquant, son frère était curé. C'est tout dire. Donc, il est dans ses mots quand il évoque la blessure chrétienne. C'est vrai, c'est celle du Christ, celui qui a pris sur son dos tous les péchés du monde. Il est dans son rôle politique quand il insiste sur la culture catholique qui est la mienne.

— À ce point ?

— Pas tout à fait. Je vous l'accorde, j'ai plus d'une fois tendu la joue droite, alors que ce n'était pas moi qui avais pris la claque sur la joue gauche !

— Bien. On va s'arrêter là. »

Notes prises à la volée après la séance

Élément repéré et non signalé au patient dans le nom de l'hôtel qu'il a investi, celui du *Vieux-Morvan*. Morvan, ça commence comme Mitterrand par un M. La première syllabe du mot se prononce de la même manière que (la) mort. Qui, à part moi, porte attention à ces jeux de mots dignes de *L'Almanach Vermot* ? Qui pourrait croire que sa fascination pour la mort a déterminé son implantation dans le département de la Nièvre plutôt que dans un autre ?

Dernière réflexion pour aujourd'hui, Morvan rime avec Touvent, le domaine du grand-père maternel. Je ne sais pas sur quoi cela débouchera. On verra bien.

Vendredi 28 mai 1982, 15 h 45

François Mitterrand s'est allongé sur le canapé sans prononcer une des paroles préliminaires qu'il affectionne, suivant en cela les manières de la bonne bourgeoisie qui tourne autour de la chose avant de s'en saisir. Il passe sa main droite sur son occiput dégarni pour domestiquer le désordre régnant dans ses fins cheveux gris.

Bruit de fond. La pluie martèle le toit en zinc des dépendances situées dans la cour, crépite sur les vitres des fenêtres. Le ciel est gris. Il fait frisquet. Un temps d'automne. J'ai allumé le chauffage pour ne pas m'enrhumer. La position assise prolongée est dangereuse pour les vertèbres dorso-lombaires et à haut risque pour les affections virales de l'appareil respiratoire supérieur. Comme les balais d'essuie-glaces d'une voiture, les pieds de mon patient esquissent une figure de danse sur le divan, oscillant ensemble de droite à gauche et de gauche à droite. Cette chorégraphie provoque chez moi une pensée des plus triviales. Les déplacements répétitifs des chaussures, surtout quand elles font *floc floc*, usent de manière prématurée les revêtements de canapés. Telle est la raison de l'existence du repose-pieds, rectangle de cuir noir, situé à l'extrémité distale de mon reposoir analytique. Brutalement, le ballet pendulaire cesse, interrompant mes considérations hautement matérielles.

« C'était intéressant, la dernière fois, ce que vous m'avez permis de découvrir. Cette identification au Christ, qui m'a fait prendre la posture d'un mort pour mieux le ressusciter. Longtemps, je me suis parlé à moi-même. Je me disais : “Ton instinct politique a été gravement mis en défaut !” Ou encore : “Ta volonté de ne rien laisser au hasard a été annihilée !” Je restais au niveau du constat, des autoreproches teintés de culpabilité et d'humiliation. Ça n'allait pas plus loin. Quand je ruminais la question : “Pourquoi as-tu fait une telle erreur de jugement ?”, mon moi intime, comme disait Barrès, ne me répondait pas. Mon faux pas de l'Observatoire, qu'un étudiant sortant de Sciences-Po n'aurait pas commis, restait un mystère. La psychanalyse éclaire mes actions d'un autre jour. À vouloir, tel le Christ, prendre la tête d'une communauté de chrétiens, je me suis retrouvé aveuglé par mon ambition comme le cyclope, berger de son troupeau de brebis, le fut par Personne, alias Ulysse. Mais ne vais-je pas sortir d'une impasse pour entrer dans un cul-de-sac ? J'ai répondu à un pourquoi. Mais qu'en est-il du pourquoi du pourquoi ? »

Silence.

« C'est clair ce que je dis ?

— Précisez, si vous le souhaitez.

— J'ai commis une erreur politique en raison de la mise en scène d'un phantasme inconscient. Certes. En suis-je le metteur en scène ? En suis-je également l'auteur ? Et si ce n'est pas moi le concepteur de cette scénographie, qui est-ce ? Là, je sèche. Ma tête est vide. Aucune réponse ne vient.

— Quand vous êtes au pied de la falaise, faites un pas de côté. Laissez tomber le mur et occupez-vous des lamentations qui, elles, sont sans rapport avec les vestiges du Temple de Jérusalem. »

Mon intervention sur le mur des Lamentations constitue une pirouette pour sortir des blocages induits par la pressante demande du patient. Il vient de faire une découverte essentielle sur sa vie. Cette erreur monumentale commise dans les jardins de l'Observatoire est inscrite dans la posture du Christ qui est la sienne. Mais pourquoi l'a-t-il jouée en ce lieu-là, à cet instant-là ? Que va-t-il encore trouver d'invraisemblable sur son chemin de croix analytique ? Quelles en seront les prochaines stations ? Il me le demande instamment. Je ne suis détenteur d'aucun savoir sur son inconscient. Je le signifie à ma façon, dans le contexte présent. Néanmoins, mon jeu de mots à connotation religieuse n'est pas innocent. Il renvoie aux harmoniques culturelles des symptômes de mon analysant, tout en maintenant une dimension énigmatique. Je n'en maîtrise présentement aucun des effets. J'en aurais des échos plus tard.

« Je souhaiterais reprendre l'idée qui est la mienne. J'ai réussi à devenir président à partir de la chambre d'hôtel numéro 15 que j'ai louée à l'année, à l'hôtel du *Vieux-Morvan*. »

Plutôt têtu, le Président. Voire obstiné. Ne jetant pas l'objet de sa pensée avec l'eau du baptême, il reprend son récit, comme si de rien n'était, au point précis où sa quinte de toux l'avait, à la séance précédente, interrompu. Je rappelle pour mémoire que le nombre 15 lui était resté au travers de la gorge. Et vogue le navire biographique.

« Cette pièce était un rectangle très en longueur, peint en blanc, muni d'une penderie, d'une table et d'un lit de quatre-vingt-dix centimètres de large. J'avais une belle vue sur la vallée. Par moments, j'ai un petit côté moine, croyez-moi. Un moine défroqué, je vous l'accorde. Je n'ai pas abusé de la chasteté... Vous croyez que j'avais l'intention d'imprimer sur la rétine de mes électeurs l'image d'un homme simple et honnête. Vous vous trompez. J'avais besoin de ce cadre-là pour être moi-même. Peut-être ressemblait-elle à ma chambre d'étudiant, celle que j'occupais dans le foyer catholique où je suis allé en 1934, en arrivant à Paris. Au 104, rue de Vaugirard où je me suis retrouvé, minuscule, en bas d'une montagne. Je ne savais pas que je la gravirais. »

La dimension intime (la description de sa chambre à coucher !) que prend le récit du Président mérite d'être provisoirement écartée. Inutile de l'entendre parler aussi directement de ses phantasmes originaires, forcément sexuels. En effet, se rendre compte que la sexualité infantile infiltre son activité professionnelle constitue, pour lui, une véritable découverte. Ce dévoilement d'une vérité insue induira une liberté d'action nouvelle, alors que parler directement de sa sexualité d'adulte sera sans effet thérapeutique. Je préfère l'entendre évoquer cette sexualité (l'adulte, comme l'infantile) indirectement. Au travers de la politique qui a provoqué une plicature définitive de son personnage comme de sa personne.

« Pourquoi parlez-vous de 1959 comme point de départ de votre carrière alors que votre implantation dans le Morvan est bien antérieure à cette date ? »

On frappe. Sans même que je dise d'entrer, la porte de mon bureau s'ouvre. Le gendarme Donnedieu passe la porte, un papier à la main.

« Monsieur le Président, c'est urgent, un message de Pierre Bérégovoy. »

Rendez-vous

Le président se lève, prend la note, me tourne le dos. Il termine sa lecture et se retourne vers moi qui suis toujours assis dans mon fauteuil et me lance :

« Il faut que j'y aille. Mon secrétaire général n'arrive pas à arbitrer une décision. C'est impératif. »

Pas question de laisser le cadre de la cure bouleversé à ce point par l'emploi du temps professionnel d'un patient, fût-il président.

« Venez terminer cette séance. Ce soir. Je vous attends à 20 h 45 ! »

Notes prises à la volée après la séance

L'interprétation sur son identification au Christ semble avoir été intégrée. Qu'en fera-t-il par la suite ?

Vendredi 28 mai 1982, 21 heures

« L'argent fuit la France, nos réserves ne cessent de chuter. Nous devons prendre des décisions. Vite. Mais cela ne vous regarde pas.

— Justement, si vous repreniez là ou vous avez été interrompu ?

— Où en étais-je ? Ah, oui, je vous parlais de mon destin. Je reprends. Jusqu'en 1958, j'ai la certitude de devenir, un jour, président. Président du Conseil, il va s'en dire. La plus haute fonction politique sous la IVe République. Dès le mois d'août 1944, je suis dans l'action publique. Au plus haut niveau. J'ai vingt-huit ans. Avant l'installation du gouvernement provisoire à Paris, la responsabilité du territoire national est confiée aux chefs des mouvements de Résistance. Dont je fais partie. Le général de Gaulle me demande de participer au gouvernement des secrétaires généraux provisoires, comité qui avait la charge de s'assurer du pouvoir entre la chute de Vichy et l'arrivée du général de Gaulle.

Bref, la Seconde Guerre mondiale a été pour moi un formidable accélérateur politique. Vous êtes trop jeune pour avoir connu ça. »

La tirade est plutôt langue de bois, vide, malgré les sentiments que le résistant clandestin a éprouvés quand il était pourchassé, menacé d'arrestation ou de mort. Ce récit ne renvoie à aucun objet animé, hormis l'auteur de l'appel du 18 juin, cité à la volée. En lisant le condensé des exploits politiques de notre héros, l'ennui risque de s'emparer du lecteur. Qu'il prenne patience. Cette baisse de régime dramaturgique ne saurait durer.

« Entre 1947 et 1956, j'ai eu de multiples responsabilités ministérielles. Pour n'en citer qu'une poignée : ministre des Affaires étrangères de Paul Ramadier, de la France d'outre-mer de René Pleven, ministre de l'Intérieur dans le cabinet Mendès France, garde des Sceaux dans le cabinet Guy Mollet. Donc, non seulement je participais au pouvoir, mais j'avais aussi toutes les chances de parvenir au poste suprême avant quarante ans. Mais d'un point de vue chronologique, vous avez raison, j'ai été élu député de la Nièvre très tôt. »

Le Président se tait. La libre association devrait prochainement nous sortir de l'ornière biographique dans laquelle le Président s'est embourbé. En effet, quand les patients décident de raconter une action précise, leurs dernières emplettes faites au marché de Brive-la-

Gaillarde, par exemple, leur liberté d'esprit les amène à raconter comment ils ont marchandé une plaque de sel au marché de Tombouctou. Impossible de parler de sa vie professionnelle sans qu'un processus mental des plus facétieux vous entraîne sur des marchés imprévus. Comment cette règle élémentaire va-t-elle s'illustrer dans la tentative d'épuisement de ce récit autobiographique ?

« J'ai été élu député, en 1946, le 10 novembre, pour être précis. »

Nouveau silence.

« Pour moi, c'est une année de deuil, puisque c'est celle où mon père est mort d'un cancer. Le même que celui qui m'affecte aujourd'hui. J'en ai déjà parlé. Je n'y reviens pas. Mon environnement familial, malgré ses convictions religieuses, était très libéral. Mon père, confronté à la tradition qui régnait dans les petites villes de province, a vu divorcer deux de mes sœurs. Il a très bien assumé ce qui aurait pu passer à ses yeux pour une rupture des sacrements. Il les a aidées. Il faut imaginer cette région juste avant guerre et même pendant la guerre. Fermée sur elle-même, conformiste, conservatrice, ça sentait un peu le ranci, quoi. Donc, si je n'ai pas divorcé comme mes sœurs, ce n'était pas pour respecter un quelconque interdit religieux ou familial. Ni pour me plier au conformisme d'une France profonde qui n'aurait pas voulu investir un président divorcé. Si j'ai préféré cet état de confusion et de secret, c'est que je ne me résous pas à quitter ceux que j'ai aimés. Je ne romps pas. J'additionne.

— L'autre jour, au téléphone, vous avez justifié une de vos absences en parlant des besoins de votre fille...

— Je ne suis pas venu le 18 mai dernier car je voyais Mazarine. Je ne vis plus avec Danielle depuis très longtemps. Je suis le plus souvent avec la femme qui m'a donné, à cinquante-huit ans, un nouvel enfant. Vous n'avez pas besoin de connaître son nom. Ma fille est née juste avant l'élection présidentielle de 1974. J'aurais pu divorcer, des amis me l'ont conseillé. Badinter ou Dumas m'aurait arrangé ça avec discrétion. Pourquoi aurait-on exigé de moi que je renonce à ma jeunesse ? que je la tienne pour nulle et non avenue ? J'y tiens, moi, à ma jeunesse. Elle m'accompagnera jusqu'à mon dernier souffle. J'ai rencontré Danièle et Christine Gouze-Raynal pendant l'Occupation allemande, au hasard de mes pérégrinations clandestines, en m'arrêtant à Cluny. Mon vieil ami Patrice Pelat, que j'ai connu dans les camps allemands, me les a présentées. Lui, il était très amoureux de Christine. Les deux sœurs faisaient partie du mouvement de résistance Combat. À ce titre, Henri Fresnay et Bertie Albrecht se sont cachés dans leur maison de Cluny avant que la Gestapo n'y débarque. Danielle, je l'ai épousée dès que j'ai pu. Le 27 octobre 1944. Paris était libéré depuis deux mois. Je suis retourné fréquemment dans cette maison familiale de Cluny, j'aimais bien mon beau-père Antoine, franc-maçon, hussard noir de la République. Il m'appelait le "calotin". Mes garçons ont été, en partie, scolarisés dans cette petite cité abbatiale de Saône-et-Loire. J'y retourne maintenant une fois par an. C'est à partir de la cour de cette maison que je fais mon pèlerinage de Solutré.

— Pourquoi parlez-vous de pèlerinage ?

— Peut-être parce que j'y vais à la Pentecôte ? En tout cas, c'est un rituel privé. La première fois, nous étions peu nombreux. Quatre ou cinq. Et ça coïncidait avec Pâques. En Bourgogne, à Pâques, il fait souvent très froid. Moi j'aime bien le froid, mais cela gênait d'autres. Cette année nous fûmes une cinquantaine, plus les curieux et les journalistes. Au total, la nuée était composée de plusieurs dizaines de personnes. Je portais une casquette bleu marine, une chemise de laine à carreaux, une veste de velours côtelé et une paire de Pataugas. J'avais un petit côté ambassadeur de l'élégance française. »

Le Président éclate de rire.

« Depuis que je suis devenu président, l'escalade de cette roche est très courue. Pas pour le charnier du paléolithique supérieur qui se trouve en dessous, avec ses amas d'os, de chevaux et d'outils remontant à Mathusalem. Pour le Pouilly-Fuissé servi au déjeuner, peut-être, puisque le vignoble de ce vin blanc est situé au pied de la roche ? Pour me courtiser, sûrement. C'est inutile, d'ailleurs. Après trente ans, on se fait peu d'amis. Je juge donc les nouveaux arrivants sur leur action. Pas sur leur caractère ou leurs intentions. Je ne passe pas mon temps à essayer de démêler la sincérité de la duplicité, l'arrivisme de la juste ambition. J'y perdrais ce qui me reste de latin. »

À cet instant précis, je dois avouer un petit moment de faiblesse. Curieux comme tous les Français du pourquoi et du comment de l'escalade annuelle de notre président, je ne peux m'empêcher de satisfaire ma curiosité personnelle. Ce qui, en principe, ne se fait pas, j'en suis conscient. Trop tard. Ma question est arrivée à destination :

« Vous savez bien que les pèlerinages sur des lieux précis concernent toujours une action passée, sainte ou héroïque. De ce point de vue, qu'en est-il pour vous ?

— Décidément, on ne peut rien vous cacher. J'allais y venir. Comment le dire de façon élégante ? C'est sur cette colline que j'ai été, la première fois, inspiré par ma femme. Notre engagement date de là. Nous étions inconscients. J'ai noué un pacte secret qui engageait ma vie alors que l'occupant allemand était en mesure de me faire disparaître à tout moment. Ce type d'alliance laisse une marque indélébile.

— Vraiment ?

— Si vous me posez la question, c'est que vous n'avez pas cru à ma réponse. Et vous avez raison car je viens de raconter un mensonge intégral. En 1944, je l'ai bien connue à Pâques mais lors d'un rendez-vous à Paris. Et puis, ai-je à répondre à toutes vos curiosités ? Sachez néanmoins que j'ai eu des aventures. J'étais plutôt beau garçon avec un désir de séduire d'autant plus intense qu'au fond de moi, je n'étais pas sûr de mon fait. Je ne vais pas me métamorphoser en Leporello pour vous chanter la liste des femmes que don Juan-Mitterrand a aimées. Moins de *mille e tre*. Une certitude, l'arrivée de ma fille, alors que j'approchais la soixantaine, m'a plongé dans un bain de Jouvence ! »

Silence prolongé.

« Vous voilà détenteur de deux secrets d'État. Le premier sur mon cancer. Ici, Gubler couvre. Il publie des bulletins de santé mensongers. Mensonges par omission, mais mensonges quand même. Le second, ma fille. Là, des gendarmes dévoués corps et âme à ma personne la protègent de tout regard extérieur. Ce n'est pas le Masque de fer, mais ça s'en rapproche. »

Il n'est pas question de répondre à ce niveau de provocation. Les secrets d'État comme les secrets d'alcôve, même s'ils viennent sur le tapis analytique, sont de peu d'importance pour le praticien. Ils se disent parce que la parole est libre. Leur énonciation ne provoque aucun changement subjectif. Ils ont néanmoins un intérêt.

Au moment même où ils sont évoqués, ils masquent les vrais secrets à dissimuler. C'est dans cet esprit que je relance le patient. En l'interrogeant au cœur de l'aveu qu'il vient de faire :

« Pourquoi avoir appelé votre fille Mazarine ?

— Dans un premier temps, j'ai pensé l'appeler Lorraine. J'ai préféré Mazarine. Pourquoi ? Quand on me pose cette question, je réponds habituellement : "À cause de la bibliothèque Mazarine." Je mets en avant ma passion pour la lecture. Un plaisir impuni. Mes collaborateurs ont interdiction de me déranger quand je me retire dans mon bureau ou mes appartements pour lire. Il en va de même dans mes déplacements. Afin de me retrouver, entre deux cérémonies officielles, je lis. En ce moment, je suis plongé dans les *Mémoires* de Chateaubriand. Bien sûr, je ne les amène pas dans cette pièce. Ici, je me contente de faire en sorte que les miennes ne soient pas d'outre-tombe. Que resterait-il de moi si j'étais toujours happé par l'extérieur ? Je ne vis pas que de compagnie. Je n'ai pas un humus intérieur suffisant. Je dois le reconstituer. On ne peut pas être soi-même en se dissipant constamment ou en se laissant disperser par la masse des événements. En étant bruit, conversation, agitation, mouvement.

— Si cette explication par l'amour des livres n'est pas la bonne, quelle est celle qui vous a conduit au choix de ce prénom ?

Vendredi 28 mai 1982, 21 heures

— Avec vous, je vais être franc. C'est le cardinal de Mazarin que j'avais en tête. Rien à voir avec les in-folio, ni avec les magnifiques collections de la bibliothèque que le prélat a léguées à la France. Vous n'êtes pas sans connaître le fabuleux destin de cet homme. Homme d'État plus que d'Église. Alors qu'il n'avait jamais été ordonné prêtre, ce militaire, formé à la cour du Vatican, est nommé cardinal par Richelieu. À la mort de ce dernier, Louis XIII lui confie la direction du Conseil. Surprise générale : lors du décès de Louis XIII, Mazarin reste le premier des ministres de la veuve de l'ancien monarque. Les livres d'histoire scolaires ne mentionnent pas la passion réciproque que Mazarin et Anne d'Autriche, régente de Louis XIV, éprouvèrent. Ils furent amants, indubitablement. Mari et femme secrètement. Eurent-ils des enfants ? Comment l'éviter ! Peut-être le Masque de fer fut-il leur enfant secret ? Peut-être Louis XIV, lui-même, est-il d'un lit mazarinien ? Imaginons qu'une petite Mazarine soit née et qu'elle ait été élevée secrètement par une nourrice en Auvergne profonde. Quelle eût été sa descendance ? Merveilleux comme parcours, non ? Quand on pense qu'il a écrit : "Le pouvoir n'use que celui qui en est privé", on comprend mon choix. Non ? »

Il est assez difficile de rester neutre quand on entend un analysant énoncer crûment un scénario aussi pervers. Au moment précis où l'on risque d'intervenir dans un registre moral ou redresseur de torts il est nécessaire de se taire. Qui sait si le Président n'est pas en train de me mentir, une fois de plus, afin de tester ma neutralité ? Une idée me vient à cet instant, que je livre au patient sous forme interrogative :

« Quel est le prénom de Mazarin ? »

Silence.

Comme un vieux soufflet qui essaierait d'attiser un feu de cheminée agonisant, la poitrine du Président se soulève à plusieurs reprises, produisant une respiration nasale aussi polypnéique que sifflante.

« Jules. »

Silence.

« Pourquoi me demandez-vous ça ?

— C'est le même prénom que celui de votre grand-père maternel !

— Je ne vois pas de rapport. Lorrain, c'est Lorrain. Mazarin, c'est Mazarin. Prendre le pouvoir souverain dans des habits ecclésiaux, perpétrer des épousailles mystiques avec une reine, laisser une descendance mystérieuse. Moi je dis chapeau ! Et ne me dites pas que j'ai dit chapeau parce que mes feutres sont des substituts de galurins ecclésiastiques !

— Puisque c'est vous qui dites ce que je ne dois pas dire, la cause est entendue !

Vendredi 28 mai 1982, 21 heures

— Je serais bien entré dans les ordres si les temps avaient été aussi tolérants qu'au XVIIe siècle. Enfant, j'ai rêvé d'être pape, mais ça m'est vite passé. »

L'heure avance, il est temps de scander cette séance, afin de restituer à mon patient certains des tenants et des aboutissants qu'il vient de livrer.

« Vous parlez de votre capacité à additionner. Elle est en effet considérable ! Vous remarquerez sans difficulté que vous additionnez des contraires irréductibles. Dans le cas de Danielle et de la mère de Mazarine, vous combinez monogamie et polygamie. Dans le cas des secrets d'État que vous avez évoqués, cancer et Mazarine, vous cumulez, là encore, deux extrêmes, en principe dissociés, mort et vie.

— Merci, docteur, de me sortir de l'impasse afin de mieux me propulser dans un cul-de-sac. Et j'en fais quoi, moi, de tout ça ?

— On va s'arrêter là. »

Notes prises à la volée après la séance

Ce prénom donné à sa fille ! Compliqué, le nom du père dans cette famille. Mazarine risque de devenir un nom commun, un nom de chose. Comment la presse populaire nommera-t-elle le prochain fils caché d'un président de la République ? Réponse : un « mazarin ».

Mardi 1er juin 1982, 15 h 30

Le Président se dirige vers moi, me tend un livre qu'il tient dans sa dextre. Je le saisis, et lis sur la tranche le nom de l'auteur et le titre de l'ouvrage : Maurice Barrès, *La Colline inspirée*. Je lui rends l'ouvrage.

« Non, je vous l'offre. C'est une édition rare, demi-chagrin marron à coins, tête dorée, décorée de quarante-huit paysages lorrains gravés sur bois par Paul-Émile Colin. Il date de 1916, l'année de ma naissance. Lisez-le, vous comprendrez beaucoup de choses de moi. »

L'ouvrage à la main, je reste dubitatif. Dois-je accepter cet onéreux cadeau ou le refuser ? Je n'ai pas le temps de trancher la question que le Président, tout sourire, heureux de sa bonne blague, s'est allongé sur le divan.

Je m'assieds sur mon fauteuil, et lui rends l'ouvrage.

« Lisez-moi un passage que vous aimez bien.

— Pourquoi moi ? Non, je vous l'assure, cette colline n'est là que pour vous inspirer. »

Je reste le membre supérieur tendu, l'ouvrage à bout de bras.

« C'est moi qui dirige cette cure. C'est vous l'analysant. N'essayez pas de tenir toutes les places à la fois. Laissez-vous aller aux lois de la nécessité inconsciente. »

Le Président prend le livre, le feuillette et lit :

« De quel charme bizarre, aussitôt que je l'aperçois, ne saisit-elle pas mon esprit et mon cœur, cette montagne en demi-lune, à la fois charmante et grave ! Je songe à notre nation très positive, mais où éclatent le courage guerrier et la grandeur dans l'infortune, je songe à nos femmes lorraines qui deviennent en vieillissant si aisément des prophétesses, et je vois les cheveux au vent de Jeanne d'Arc, de Marie Stuart et de Marie-Antoinette, ces filles royales que notre race fournit à la poésie universelle ; j'entends l'éclat de rire de Bassompierre, l'extravagance de Charles IV : c'est le point où l'imagination peut le mieux venir se poser pour comprendre le génie propre de la Lorraine. Quel symbole d'une nation où s'allient au bon sens le plus terre à terre l'audace de la grande aventure et l'esprit qui fait les sorciers ! »

Le choix de ce cadeau, les extraits choisis par François Mitterrand sont hautement signifiants. J'utilise ce terme technique pour pointer un élément capital. Entendre ce qui se dit dans la psychanalyse de tout patient nécessite une écoute qui rapproche des éléments totalement disparates, des objets qui semblent n'avoir aucun lien entre eux. Dans la cure de François Mitterrand, il est capital d'entendre le pont sonore constitué par le mot « Lorrain ». Pont entre la région lorraine avec ses Lorrains plus ou moins célèbres et le patronyme Lorrain de sa lignée maternelle. Ne pas me laisser dérouter par le fragment sonore « Lorrain » me condamnerait à ne rien saisir des limites imposées au libre arbitre du Président.

Afin de tester le rapprochement improbable entre province française et généalogie maternelle, je l'interpelle sur le côté manifeste et littéraire de ses propos. Va-t-il associer de lui-même sur cette proximité linguistique qui crève les tympans ? Oui ou non ?

« Pourquoi aimez-vous Barrès ?

— Oh, je déteste certains aspects du personnage, mais j'ai toujours aimé l'écrivain. Je suis émerveillé par la dimension poétique de son texte. C'est une prose magnifique, vous ne trouvez pas ? »

Mon savoir professionnel est mis en défaut. J'ai beau savoir qu'un analysant cite un personnage pris dans la culture (Barrès) afin d'éviter de parler d'une personne autre (provisoirement inconnue), François Mitterrand, pour le moment, ne veut rien savoir du signifiant « Lorrain ». Alors qu'il l'utilise à outrance.

« Mes lectures n'étaient pas orientées. Enfant, je lisais ce qu'il y avait dans notre bibliothèque. Il n'y avait pas beaucoup de Zola. Il y avait Balzac, Stendhal, Flaubert, Chateaubriand, Barrès, Bourget. Dans les années trente, j'ai découvert la littérature moderne grâce à la NRF avec un ami, Claude Roy, et un pion, au lycée d'Angoulême. Là, j'ai plongé dans la modernité avec Gide, Bernanos, Mauriac, Drieu La Rochelle. Plus tard, j'ai lu Faulkner, Hemingway, Joyce. Mais j'ai toujours gardé un faible pour les provinciaux comme Chardonne, un écrivain de mon pays. »

Ce discours mondain sur la littérature donnerait l'impression que le patient résiste. Mais non. Cette longue échappée littéraire montre au contraire que l'inconscient de François Mitterrand cherche à se frayer un chemin. Cette insistance à se faire entendre mérite d'être analysée. Dans le cadre du transfert, François Mitterrand n'a pas offert *La Colline inspirée* à celui qui l'écoute dans son dos. Mais à quelqu'un d'autre. J'insiste donc sur le sens de cette offrande, en espérant débusquer le ou la destinataire finale.

« Quand je vous ai demandé pourquoi vous aimiez Barrès, j'espérais vous entendre raconter l'origine de votre attrait pour ce romancier.

— Ah, vous êtes incorrigibles, vous les psychanalystes ! Toujours en quête de l'origine des faits. L'origine. Qui y a-t-il à l'origine ? Mais c'est sans fin cette histoire. Et quand je vous aurai répondu, vous me demanderez : “Parlez-moi de l'origine de l'origine.” Et je n'aurai d'autre choix que de vous répondre : Dieu. Dieu est à l'origine. Si on se pose vraiment la question, il n'y a pas d'autre réponse.

— Dieu est à l'origine de votre goût pour Barrès ?

— Le plus agaçant dans votre insistance, c'est que vous n'avez pas toujours tort.

— C'est-à-dire ?

— Ma mère aimait beaucoup Barrès. Elle admirait tous les écrivains patriotes, la littérature de la revanche sur l'Alsace-Lorraine annexée par l'Allemagne, sans toujours distinguer le côté insupportable du genre patriotard. Mais elle n'était pas du tout belliciste, hein, c'était l'époque qui l'était ! »

Le destinataire terminal du cadeau fait à l'analyste vient de s'incarner. Ce n'était pas au gourou de tête que *La Colline inspirée* était offerte. François Mitterrand avait imaginé ce don afin de renouer le temps d'une séance avec une mère bien-aimée.

« Ce que les Français oublient quand ils analysent mon parcours politique, c'est que j'ai été formé par un autre siècle. Et que j'en garde une empreinte indélébile. Mon grand-père Lorrain est né le 17 janvier 1853 à Rouillac. Ma grand-mère maternelle, Eugénie Faure, le 8 avril 1857, à Jarnac. Vous vous rendez compte, naître sous le Second Empire ! Connaître Napoléon III ! Ma mère est née le 2 avril 1880 à Jarnac, donc elle est très marquée par cette fin du XIXe siècle.

— Et alors ?

— Il m'a fallu beaucoup d'effort pour rejoindre le XXe siècle. Sans la littérature de la NRF, Gide, Schlumberger, Martin du Gard, puis la Seconde Guerre mondiale, je n'y serais probablement pas arrivé. »

Il est important, me semble-t-il, de ne pas laisser macérer mon patient dans la pensée abstraite qu'il affectionne. Je l'interromps dans sa lancée :

« Soyez moins cérébral. Parlez-moi de choses concrètes !

— Je pense à une rencontre. Celle que ma mère eut avec Paul Déroulède. Mon grand-père maternel le connaissait bien. Dans nos longues soirées d'été, papa Jules, comme je l'appelais, m'a expliqué le parcours de cet homme politique que vous n'avez aucune raison de connaître. Je vous rafraîchis la mémoire afin que vous vous représentiez le milieu intellectuel dans lequel, enfant, j'ai baigné. Paul Déroulède est l'auteur de *Chants du soldat* et autre *Marches et sonneries* qui relèvent de la littérature patriotique dont je parlais tout à l'heure et dont la France raffolait. Une certaine France du moins, la mienne en tous les cas. Du jour où la France perdit l'Alsace et la Lorraine, cet ancien militaire défait milita tout le reste de sa vie pour le retour des provinces perdues au sein de la patrie. Il fonda la Ligue des patriotes en 1882. Dans la mouvance bonapartiste, il fut élu député en Charente en 1889. Il démissionna en 1892. Puis fut réélu en 1898. Je dirais que ma famille l'a connu par contiguïté, c'était le fils d'un avoué d'origine charentaise. Antirépublicain, antidreyfusard, xénophobe, il fut banni pour complot contre la sûreté de l'État et partit en exil à San Sebastian en 1900. »

Il est intéressant de noter que l'analysant raconte ces souvenirs-là à ce moment-là. J'entends qu'il me parle d'une époque où la perte d'une partie de la France avait été vécue comme une amputation, source des passions les plus irrationnelles. Qu'elle avait vraisemblablement réactivé des angoisses de castration chez nombre de nationalistes antirépublicains, toujours prêts à régresser dans un corps politique d'antan, phantasmé comme étant sans perte. Mais qu'en est-il des effets de cette perte pour celui qui évoque ces pages dramatiques de l'histoire de France, où une guerre civile froide se déroulait bruyamment ? Guerre entre républicains et anti, entre dreyfusards et anti, entre papistes et anti. Comment sa propre famille avait-elle réagi dans cet environnement extrême ?

« Vous mettez l'accent sur l'idéal politique de votre mère et de votre grand-père maternel qui, à vous entendre, étaient franchement de droite. Comme si vous vouliez justifier la place qu'ils occupaient sur l'échiquier politique en la décrivant comme naturelle.

— Ce n'est pas si simple. Écoutez la suite de l'histoire. Ma mère entretenait une correspondance avec

Déroulède. Ce dernier lui écrivait souvent. Un jour, mon grand-père l'a emmenée voir le grand homme. C'était après sa tentative de coup d'État alors qu'il séjournait à San Sebastian. C'est très important dans l'évolution de ma mère, qui raconte cela dans un livre que j'ai conservé chez moi. Elle avait une vingtaine d'années. Elle est partie tout émerveillée avec un petit cadeau pour l'homme providentiel de sa province natale. Comme elle avait un certain coup de pinceau, elle lui avait amené un tableau représentant des coquelicots, bleus, blancs et rouges. Elle est revenue décillée. Elle a trouvé là-bas tout l'état-major de la Ligue des patriotes et des mouvements d'extrême droite. Il y avait Marcel Habert avec qui Paul Déroulède avait fomenté son coup d'État lors des obsèques du président Félix Faure. Et ils sont revenus par le même train que celui de ma mère. Entre San Sebastian et Angoulême, ce n'était pas rapide à l'époque, on avait le temps de faire la conversation. À mesure que le train avançait, leurs propos machistes et paillards l'agaçaient de plus en plus. Puis la conversation s'est portée sur l'affaire Dreyfus. C'est devenu d'un antisémitisme véhément, violent, haineux. Alors, elle qui n'avait jamais vu de juif de sa vie, qui savait que le Christ était circoncis et que la Vierge Marie était juive, elle a été horrifiée. Elle n'a pas supporté ce langage fanatique. Elle s'est dit : "Non, je ne peux plus voir ces gens. Ce n'est pas possible. C'est tout le contraire de ce que je sens. Ce n'est pas une haine chrétienne." Ça prouve une certaine maturité à vingt ans. Non ? »

Silence prolongé.

Voilà exprimé l'amour de l'autre tel qu'il existait dans l'environnement politique de la famille Lorrain. Amour pour l'autre dont François Mitterrand a hérité. En pleine affaire Dreyfus, un christianisme authentique restait la meilleure barrière contre l'antisémitisme. Prend-il là une posture artificielle en se réclamant d'une tradition familiale ? Est-il encore dans son rapport mensonger à lui-même et à l'autre ?

Je suis enclin à penser que ces propos sont sincères. Pour une simple raison : en faisant le récit de la rencontre de sa mère avec les chantres de Déroulède, il n'a cité aucun des morceaux de bravoure xénophobes de la Ligue des patriotes. Combien de bien-pensants ai-je entendus sur ce divan qui, au prétexte de dénoncer le racisme ou l'antisémitisme, se complaisaient à rapporter des litanies d'obscénités ! Oubliant cette vérité primordiale épinglée à la glotte des êtres parlants : c'est celui qui dit qu'y est.

« Si j'évoque pour vous cette proximité familiale avec le nationalisme, c'est pour mieux souligner le mérite que les miens ont eu à se tenir à l'écart de l'antisémitisme et de la haine antidreyfusarde. Ma famille n'a pas été pour autant dreyfusarde. Elle est restée à l'écart de cette crise. »

Le Président marque un bref silence.

« Je ne sais pas pourquoi je pense à ça, mais mon gouvernement va être obligé de dévaluer le franc. C'est prévu pour le 12 juin prochain. Il faudra diminuer la valeur de la monnaie de dix pour cent afin que cela ait un effet durable sur notre économie. Vous voici initié. Vous avez dix jours pour spéculer sur le franc. Enrichissez-vous. Ce n'est pas avec ce que je vous paie que vous ferez fortune. »

Je suis surpris par la brutale association qui le fait passer de l'année 1900 au mois de juin 1982. De la famille Lorrain au début du XXe siècle à la dévaluation du franc, huit décennies plus tard. Je le laisse poursuivre dans la veine économique qu'il vient de trouver :

« Jacques Delors me fait note sur note. Il me prévient. Nos finances sont dans un état catastrophique. Le taux d'inflation est à deux chiffres, le produit intérieur brut stagne, la croissance s'essouffle, la dette de l'État n'a jamais été aussi élevée, les prélèvements obligatoires s'envolent, la spéculation contre le franc est permanente.

— Bien. »

Le Président se lève, et repart avec l'ouvrage qu'il souhaitait m'offrir. Au moment de sortir, il se retourne.

« Vendredi prochain, je ne pourrai pas venir. Le sommet du G7 se tient à Versailles. Du 4 au 6 juin, j'y serai bloqué nuit et jour.

Mardi 1er juin 1982, 15 h 30

— Ce que vous avez évoqué autour de la Lorraine est décisif. Il est impératif de continuer sans délai sur votre lancée. Et de comprendre les répétitions dont le siècle précédent vous a fait l'héritier. Passez demain à 12 heures. »

Notes prises à la volée après la séance

Acheter *La Colline inspirée* en livre de poche.

Mercredi 2 juin 1982, 12 heures

Pour une fois à l'heure, l'air préoccupé, le Président s'allonge.

La dernière séance s'est terminée de manière mystérieuse. Dans son discours manifeste, le patient est passé de l'antisémitisme des amis de Déroulède à la dévaluation du franc français. J'essaye de décrypter cette association libre. Elle ne constitue pas une rupture de pensée. Au contraire, elle pointe les liens de dépendance des chrétiens vis-à-vis des juifs. Certitude, les racines du christianisme plongent profondément dans le terreau du judaïsme. Évidence, les sujets nés au Christ ont contracté une dette symbolique à l'égard de la première religion monothéiste. En tenant compte de ce qui me vient à l'esprit, il est pertinent d'interpréter la dévaluation du franc comme une demande inconsciente : baisser le prix de la dette symbolique qu'il a, comme tout chrétien, contractée vis-à-vis du judaïsme.

Quant à sa plaisanterie sur le délit d'initié auquel il me convie en suggérant de spéculer sur le franc, je l'entends comme une recherche d'allié pour légitimer la baisse de la dette.

Mes élucubrations interprétatives ne sont pas livrées à mon patient, car rien dans ce qu'il m'a dit hier ne me permet de le faire. Elles restent néanmoins à ma disposition, dans un coin de ma tête, pour être utilisées à bon escient.

« Je suis en train de prendre des mesures qui vont faire du bruit. À l'occasion de la prochaine dévaluation du franc, je vais bloquer les salaires et les prix. Ceux de mes amis qui me poussent à élargir le déficit budgétaire vont parler de virage à droite. Ils vont s'en donner à cœur joie, les moralisateurs permanents, les prêchi-prêcha, ceux qui veulent me faire passer par la confession, le *mea culpa*. Et puis, tant que cela ne sera pas fait jusqu'à Z, c'est-à-dire jusqu'au point où ils le souhaiteraient, je resterai coupable. C'est le point de vue d'une certaine gauche ecclésiastique. C'est également le point de vue, cynique, de ceux qui se sont fait une idée fausse de ce que j'entends faire et qui voudraient que je me plie à l'idée qu'ils se font de moi. Je parle plus particulièrement de *Libération* et de Serge July. Ils vont parler de trahison. On trahit son pays, son idéal, son dieu. L'économie, ce n'est pas la métaphysique. On peut corriger le tir sans être traître à soi-même, sans être hérétique puis relaps. On vous brûle deux fois à ce régime-là ! »

Mercredi 2 juin 1982, 12 heures

Je note la prodigieuse capacité du Président à utiliser des métaphores religieuses pour exprimer son agressivité.

« Permettez-moi de vous donner une petite leçon d'économie. J'ai une seule recette et je l'applique : ne pas dépenser plus que ce que l'on gagne. Qui "on" ? La France. Comment un État se procure-t-il ses ressources ? Il le prend de force, c'est l'impôt. Il le prend de bon gré, c'est l'emprunt, sauf quand c'est un emprunt forcé. Ou il fait des économies, c'est-à-dire qu'il dépense moins. Ma leçon d'économie est terminée. C'est simpliste ? Allez voir tous les grands économistes, les plus savants des experts, ils vous en diront plutôt moins. Ils vous parleront plus longtemps, dans un langage abscons, savant, très latin de cuisine. Mais quand vous aurez gratté, vous aurez ce que je viens de dire. M. Barre n'en sait pas plus.

— Comment se fait-il que vous teniez toujours des propos abstraits ? Pourquoi cette intellectualisation permanente ? Quand vous lancez une pique contre quelqu'un, Serge July ou Raymond Barre, vous le faites en catimini, comme s'il était interdit d'agresser les autres. C'est pourtant très universel, l'agressivité. Vous êtes comme tout un chacun, vous n'y échappez pas !

— Je n'aime pas me dévoiler. Je suis comme ça. Sans doute des restes de l'éducation que j'ai reçue. Chez mes grands-parents maternels, il était interdit de dire du mal des autres, surtout des personnes absentes. Je ne vais pas changer d'un coup de baguette analytique. Puisque vous me le demandez, je vais vous expliquer plus concrètement les enjeux économiques avec lesquels je me débats. Et là, je fais un effort, parce que, à table, dans ma famille, il était interdit de parler d'argent. L'histoire de la Lorraine est typique. Voici ce dont j'ai hérité. Des milliards de francs nouveaux ont été dépensés dans la sidérurgie depuis seize ans. Pour rien. Voyez ce que cela fait en centimes ! Je n'étais pas d'accord pour nationaliser l'acier. Parce que je disais à mes amis, si on nationalise, peu à peu, la classe ouvrière aura l'idée que la nationalisation, c'est la garantie de l'emploi. Or la nationalisation ne peut pas exister si l'on met fin à la gestion normale des entreprises. Ou alors, il faudra que le budget de la France entretienne à perte une énorme machine. Ça veut dire plus d'impôts. Un carcan étouffant. On me demande encore des milliards. Le moment est venu de parler sérieusement. C'est vrai que je vais parler durement aux travailleurs. Il faut bien que je sois un peu sévère, sans quoi la coupe va déborder. D'ailleurs, ils ont besoin de cette autorité. Je n'ai pas du tout l'impression d'abandonner ce en quoi je croyais. Mais est-ce que je dois rentrer dans un trou dès qu'un ouvrier se fâche ? parce qu'il est ouvrier ? C'est obéir à une autre divinité. Les Lorrains ne sont pas contents de moi ? Eh bien, ils ne sont pas contents de moi. Mais moi, je ne continuerai pas à entretenir une classe ouvrière sidérurgique qui n'est pas en mesure de tenir le choc face à la concurrence étrangère. J'enverrai Fabius en Lorraine, avec tous les pouvoirs, pour reconvertir cette industrie. Moi, je veux que la France soit de son siècle. Qu'elle se lave l'esprit. »

Voici ce qu'il advient pour qui sait attendre. La boucle lorraine s'apprête à être bouclée. L'agressivité qui ne saurait se déverser sur les objets parentaux fait retour sur les objets politiques, les ouvriers lorrains, à qui il faut parler sévèrement, avec autorité, à qui il est nécessaire de tenir tête, pour qu'ils changent de siècle. Eux aussi. Je décide de lui en dire quelque chose :

« Les associations libres de la séance d'aujourd'hui sont à relier à celles de la séance précédente. Vous m'offrez un livre de luxe qui parle de la perte de la Lorraine. Vous faites des associations sur votre famille maternelle dont le nom est Lorrain. Vous parlez de son nationalisme. De son absence d'antisémitisme. Vous évoquez la ruine économique que la Lorraine pourrait provoquer. Vous terminez la séance sur l'autorité dont aurait besoin la classe ouvrière lorraine. Qu'en pensez-vous ?

— Vous ne seriez pas en train d'imiter *L'Almanach Vermot* ? Parce que, dans ces conditions, je vais vous aider à charger la barque. J'ai été fait prisonnier en Lorraine, quand l'armée allemande était déjà à Paris et à Rouen alors que nous étions à attendre sur la ligne Maginot que la nasse se referme. Je pousse le bouchon pour aller dans votre sens. Si, à ma troisième tentative, j'ai réussi à m'évader du camp de triage de Boulay, c'est que ce dernier se trouvait en Lorraine. Non, vraiment, vous racontez n'importe quoi ! »

Dans une cure, lorsqu'un nœud signifiant se présente aussi massivement, le psychanalyste est confronté à une difficulté technique majeure. « Lorrain » condense une série de problématiques, qui doit être traitée dans son ensemble. Dans cette série, j'entends qu'il est question de ruine, c'est-à-dire d'un état qui relève d'un registre mélancolique. Mais le terme « ruine » renvoie lui-même à deux niveaux. Ruine économique avec la région lorraine. Ruine généalogique du côté de la famille Lorrain. Enfin, reste la charge d'agressivité que le terme « Lorrain » recèle et qui se retrouve dans l'humour grinçant dont François Mitterrand fait preuve pour évoquer sa capture dans la nasse Lorraine. Laquelle de ces trois voies dois-je privilégier en cet instant ? Sachant qu'il sera nécessaire de repasser par la case « Lorrain » pour, à un moment ou un autre, aiguiller le patient vers les deux autres voies. Dans cette séance ou dans une autre. Pour l'heure, je décide de favoriser la dimension économique sur laquelle il surfe depuis une demi-heure.

Mercredi 2 juin 1982, 12 heures

« Essayez de croiser deux termes dans votre esprit, celui de ruine économique et celui de "Lorrain". Qu'est-ce que cela donne ? »

Silence.

« Si j'y pense en ces termes, vous avez raison, les ouvriers lorrains ne sont pas en cause dans le fait que je redoute la ruine économique. C'est beaucoup plus personnel. Jusqu'à l'âge de dix ans, je passais six mois par an dans la propriété de mes grands-parents. En dehors des vacances scolaires officielles de l'Éducation nationale, j'y restais en mai, juin et octobre. Ma grand-mère organisait un programme scolaire adapté, avec le concours des deux curés du voisinage et de l'instituteur de Petit-Bersac. C'était un vaste domaine avec une maison de maître sur un côteau, de vastes dépendances et deux grandes métairies. Je me souviens du petit cheval qui me ramenait de Petit-Bersac à Touvent. Ma contemplation des heures du jour et de la nuit. Les essaims d'abeilles que nous allions nous-mêmes chercher dans les bois. La traversée des champs de blé coupés, le trèfle vert foulé par les pieds. Papa Jules qui plantait ses arbres et surveillait ses récoltes. Le dé du jeu de l'oie qui vous expédiait au cachot. Les soirées à jouer aux échecs avec mon grand-père. Vint la grande crise de 1929-1930. Ruinés, mes grands-parents vendirent leur propriété. Cet épisode constitue mon premier deuil. Si j'étais atteint de sensiblerie, j'en pleurerais encore. Comme l'aiguille d'un disque rayé glissant vers le même sillon, des images visitent toujours ma mémoire. On commençait à vider la maison de ses meubles. Je revois dans le coin d'une chambre vide ma grand-mère tassée sur un siège. Elle avait les yeux embués par les larmes et moi, à ses côtés, je me sentais impuissant. Elle ne se remettra pas de son déménagement dans une maison de Jarnac. Elle mourra très peu de temps après. En 1931. Avant de mourir, elle m'a appelé. Ce furent ses dernières paroles. Si vous souhaitez trouver des raisons à ma lente conversion au socialisme, en voilà une. C'est le capitalisme qui m'a prématurément privé de ma grand-mère et qui a fait le malheur de mon grand-père. Ils n'étaient en rien responsables de ce qu'il leur arrivait. Cette crise mondiale n'était pas de leur fait. Non, c'était vraiment très injuste. J'en ai voulu à ce monde qui provoquait l'effondrement de mon cadre familier. Président socialiste, je venge un peu mes aïeuls. *Post mortem*.

— N'est-ce pas contradictoire avec le fait que votre plus grande nostalgie concerne ce domaine que auriez aimé conserver ?

— Ai-je jamais dit que je voulais collectiviser l'économie française ? faire disparaître la propriété privée ? D'un point de vue économique, si je bloque les salaires et les prix, c'est pour éviter la ruine de la France. Ce n'est pas contradictoire avec ma volonté de reconstituer les conditions de l'abondance, pour mieux redistribuer les richesses. La contradiction surgirait avec une vision collectiviste de l'économie. Elle n'a jamais été la mienne. Autrement dit, le virage à droite qui sera évoqué par mes détracteurs est une analyse erronée de ce que je suis. Bref, dans le domaine politique et économique, je ne suis pas le sectateur du Dieu des chrétiens qui, d'un coup, passe à l'islam. »

Voici le moment venu de revenir au signifiant « Lorrain » pour que le patient aborde ce qu'il en est de son agressivité. Et qu'il sorte du cliché de son enfance heureuse auprès de parents exemplaires, vivant dans une harmonie absolue. Pour ce faire, il est indispensable de relancer ses associations dans le registre religieux qu'il affectionne et dont il vient, une fois encore, de faire usage. Le détour par les sectateurs du Dieu des chrétiens *versus* ceux de l'islam contourne des éléments névrotiques qu'il importe maintenant de mettre au jour.

« N'auriez-vous pas puisé cette métaphore dans Dostoïevski ? »

Silence agité du Président qui frotte la semelle de son mocassin noir sur le talon de son pied gauche.

« Je considère que le plus grand ouvrage de la littérature mondiale a été écrit par Dostoïevski. *Les Frères Karamazov* ont un souffle épique et dramaturgique fulgurant. Je me souviens, en effet, de ce passage auquel vous faites référence. Le bâtard Smerdiakov commente l'histoire d'un soldat russe fait prisonnier, torturé, menacé de mort, refusant d'abjurer le christianisme pour se convertir à l'islam. Ce militaire résiste sans trahir sa foi, se laisse écorcher vif et meurt !

— Lorsque vous utilisez des paraboles christiques, vous êtes comme Dostoïevski.

— Mais laissez-moi associer librement, on n'a jamais vu psychanalyste aussi bavard. Vous vous souvenez du commentaire commis par le bâtard, assassin de son père, sur les conseils d'Ivan son demi-frère ?

— Dites...

— Smerdiakov trouve que l'héroïsme de ce soldat est stupide. À son avis, il n'y a aucun péché à renier le nom du Christ et le sacrement du baptême. En toute justice, il ne saurait y avoir de punition. S'il avait renié sa foi, le soldat n'aurait pas menti à Dieu quand ses bourreaux lui demandaient : “Es-tu chrétien ou non ?”, car, étant déjà déchristianisé par Dieu lui-même, de quel droit lui aurait-on demandé des comptes dans l'autre monde ? Vous avez raison, j'ai puisé, sans m'en rendre compte, dans *Les Frères Karamazov*. Que dois-je en conclure, à votre avis ? »

Du point de vue de son économie libidinale, François Mitterrand est un quidam comme un autre. Il a des comptes à régler avec le père. Ce dont il se défend avec acharnement, constance, et un style bien à lui. Sa subjectivité blindée ne laisse passer ni sentiment excessif ni outrance. Chaleur minimale et évitement maximal sont à l'affiche. Force est de constater que l'ancien chef du parti socialiste s'ouvre à l'inconscient en passant par les phantasmes qui circulent dans les sommets de la littérature ou sur les cimes de la culture religieuse. D'où la nécessité de le faire revenir sur terre.

« Les digressions de Smerdiakov dans la parabole du soldat russe n'ont qu'une seule nécessité, lui dis-je : comment éviter la culpabilité du fils dans son lien au père ? Ce qui indique que, vous aussi, vous avez des comptes à régler avec votre père, comme tout le monde. N'y voyez aucune marque d'infamie. »

Silence.

Quel dévoilement de réalité va-t-il évoquer maintenant que sont écartés les signifiants culturels qui maintenaient à distance le désir du fils, tout en l'illustrant ?

« Ma mère avait une malformation cardiaque. Son médecin lui avait dit : “Il ne faut pas que vous ayez d'enfants, sans quoi vous risquez de mourir.” Imaginez cette jeune femme à laquelle on fait une telle injonction. C'est simple. Pas de mariage, pas d'enfant. Dans le mariage, c'est difficile de s'empêcher de... Ma mère a eu huit enfants en douze ans. Risquant sa vie à chaque grossesse. Je suis le cinquième des huit. Je ne m'en souviens pas mais en toute logique j'ai été confronté à l'angoisse de me retrouver orphelin de mère.

— Vous souvenez-vous si vous en avez voulu à votre père ? C'était quand même lui le responsable de ces grossesses, multiples et rapprochées.

— Non. Je ne me souviens pas de lui en avoir voulu. Ma mère a eu la malchance de mettre deux ans à mourir. Mon père s'est occupé d'elle jusqu'au bout. Jusqu'à sa fin terrible, où elle passait des nuits sans dormir, étouffant, souffrant de l'estomac, les reins bloqués.

— Les implications de ce que vous venez de dire sont claires. À chaque naissance d'un enfant Mitterrand, une femme Lorrain risquait de disparaître.

— Oui. Vous avez raison. Mais je n'en ai pas voulu pour autant à mon père. Je crois que je suis comme Ivan, le fils cadet, dans *Les Frères Karamazov.*

— C'est-à-dire ?

— Vous vous souvenez du rêve d'Ivan, celui qui contient le passage sur le Grand Inquisiteur ? Je l'ai bien lu, ce monologue. Il contient une vérité. Ce n'est pas le fils de l'Homme qui est coupable du parricide. Ni Smerdiakov, ni Yvan, ni Dimitri ne sont responsables de cet acte. Si nul n'est en mesure d'incriminer le fils de l'Homme, qui sera, alors, accusé ? Réponse : le fils de Dieu, le Christ. C'est ce dernier, en effet, que le Grand Inquisiteur met sur la sellette dans un long réquisitoire.

— Bien, on va s'arrêter là. »

Mercredi 2 juin 1982, 12 heures

Notes prises à la volée après la séance

La ruine économique a été traitée. Le meurtre du père a été évité. Ce n'est pas lui qui est en cause mais, comme dans *Les Frères Karamazov*, le Christ, figure qui revient en boucle dans son discours. Garder inscrite la ruine généalogique au menu de la cure.

Vendredi 4 juin 1982, 15 h 30

Un motard de l'escadron motocycliste de la garde républicaine me remet une invitation personnelle pour le dîner de gala qui clôture le sommet du G7.

À l'heure de sa séance habituelle, la cérémonie des puissants bat son plein. Pour renforcer l'aspect informel du sommet des pays les plus industrialisés de la planète, Jacques Attali a convaincu le chef de l'État de faire passer les plats de la République à travers les salons du Roi-Soleil. Demain soir, les Spadolini, Trudeau, Suzuki, Thatcher, Schmidt, Reagan accompagnés de deux cents convives souperont dans la galerie des Glaces. J'ai décliné l'invitation qui m'était faite de me joindre à eux. Inutile d'assister à cette soirée mondaine. Je préfère attendre la manière dont son maître d'œuvre l'évoquera.

Comme la nature, le psychanalyste a horreur du vide. L'absence d'un analysant l'inquiète toujours. Face à ce manque, il a le choix entre trois stratégies. Un, faire comme si de rien n'était et profiter du temps libre pour vaquer à ses occupations domestiques : descendre la poubelle, faire son courrier ou sa revue de presse. Deux, tenter de maîtriser les tenants et aboutissants des propos tenus par son patient depuis le commencement des temps avec la volonté de combler une trame théorique. Trois, s'allonger sur le divan et maintenir son attention flottante au risque de s'endormir. En ce jour de vide partiel, j'adopte la troisième option.

L'absence d'un patient n'est pas la seule source d'inquiétude pour le praticien. Paradoxalement, dans la globalité d'une cure, le manque est aussi du côté de l'analyste. Pendant ses séances, François Mitterrand se tait souvent. Dans ce creux langagier, lorsqu'il pense quelque chose, le Président ne le dit pas forcément. Les scénarios qui peuplent ces silences sont précieux. Les paroles conservées par-devers lui, tout autant. Elles peupleront sa subjectivité en cours de reconstruction. Bref, la règle de tout dire, que je lui avais proposée en début de cure, est, au mieux, une plaisanterie, au pire, une injonction paradoxale.

Tout aussi impossibles à connaître sont les idées qui assaillent à la vitesse grand *V* le Président quand, après la séance, il se retrouve sur le siège arrière de sa voiture de fonction. Elles m'échappent, tout comme le fait de savoir si son chauffeur immobilise – ou non – son véhicule pour lui offrir une glace. Et j'ignore plus encore le parfum du sorbet, qu'il me serait pourtant utile de connaître pour délivrer une interprétation à bonne température. Bref, entre les séances, je dois me contenter de mes divagations. Celles de François Mitterrand m'échappent.

J'essaie de m'extraire de l'inquiétude issue de mon propre manque. Je me focalise sur la raison évoquée par François Mitterrand pour justifier son absence. Je crains que cette séance du G7 n'absorbe toute son énergie vitale, au détriment de sa santé physique. La mise en scène de sa rivalité avec Valéry Giscard d'Estaing est trompeuse tant elle est transparente. Certes, l'ex-président avait organisé la rencontre des grands de ce monde au château de Rambouillet en 1975, pour papoter au coin du feu. Question faste, difficile d'être plus ostentatoire qu'en investissant l'ancienne résidence de Louis XIV. L'ancien chef d'État est battu par le nouveau à plate couture et l'étalage des pompes républicaines semble renvoyer à une rivalité fraternelle infantile, des plus classiques. À moins que...

Si François Mitterrand convoque le monde entier sous les ors du château de Versailles, ce n'est peut-être pas dans le seul but d'écraser son ancien rival. Avant d'être oint par le bon peuple, le prétendant à la présidence a insisté pour se hisser au sommet de l'affiche. Lourdement. Mitterrand s'est battu contre des dizaines de concurrents. Le pendant de ce combat homérique a été trop vite oublié ; il a lutté en permanence contre sa propre élimination, contre sa propre disparition. Quarante-cinq ans de batailles pour survivre ne relèvent pas d'une banale rivalité névrotique. L'organisation du cérémonial versaillais renvoie sans doute à une volonté d'annuler l'existence même du sommet de Rambouillet. Voire le septennat précédent. Un phantasme d'effacement qui répondrait à des idées taraudantes. N'aurait-il pas eu plus de champ historique si, en 1974, il avait battu l'autre candidat, l'accordéoniste amateur ? N'aurait-il pas ainsi échappé à la maladie ? N'est-ce pas son propre échec qui, en retardant son accession au pouvoir, serait à l'origine du cancer ?

Si ces festivités avaient l'avantage de précipiter le Président dans ces questionnements, le show diffusé en mondovision serait utile. Mais je crains que, pris dans la dynamique de groupe des chefs des États les plus riches du monde, sa mégalomanie monarchique ne flambe et qu'elle ne vienne occuper le devant de la scène pendant plusieurs séances.

Je n'oublie pas que mon analysant est devenu président pour se guérir d'une faille personnelle dont je commence à entrevoir la profondeur. Les différentes références patronymiques qu'il a évoquées sont à cet égard évocatrices. Celle de Personne, alias Ulysse, référence mythologique qui apparut quand il refusa de parler de sa grand-mère maternelle. Celle de Mazarine, sa fille qui a reçu un patronyme féminisé en guise de prénom. Celle de Lorrain, qui a parcouru comme un fils rouge la séance précédente dans son acception première comme dans sa version féminisée : Lorraine.

Se profile ici une béance primordiale qu'il a combattue. Vaincue même, puisqu'il occupe le trône de la République. Ce faisant, il prend place dans une longue lignée d'hommes, tous décédés. Un peu comme s'il s'était inscrit dans la lignée des papes depuis l'origine, lorsque Pierre est monté sur le trône apostolique.

Pourquoi postuler l'existence d'une faille primordiale chez les candidats à la magistrature suprême ? Chez mon patient comme chez toute personne ayant réussi à investir la charge suprême. À moins d'avoir dans son ascendance directe un roi ou une reine, nul ne parvient à cette place symbolique par hasard. Personne n'est épinglé, en France républicaine, au pouvoir souverain par les lois de l'héritage. Aucun président ne se retranche derrière la fatalité d'une naissance calamiteuse pour se plaindre de sa fonction. Le comte de Paris s'imagine détenir la maison royale de France par hérédité ascendante, ce qui n'exclut pas l'intervention de la main de Dieu. Le même comte se voit l'héritier d'une histoire imaginaire où quarante rois ont, en mille ans, fait la France. Il n'empêche, depuis l'instauration du suffrage universel, c'est le peuple souverain qui élit son représentant. Après l'élection présidentielle, la photo de l'Élu est exposée dans tous les lieux officiels : ministères, préfectures, mairies et autres lieux publics. L'icône officie, muette, pour le plus grand nombre.

Une fois le chef de la nation établi dans ses fonctions républicaines, les images des temps anciens se mélangent avec celles du temps présent. Les symboles de président et de souverain héréditaire se fondent, leurs pouvoirs se confondent. Ce qui ne va pas sans conséquences pour le nouvel élu...

On sonne à la porte.

Zut. Je me suis assoupi. Le patient suivant arrive. Retrouver l'histoire de l'Élu laïc. C'était un fil prometteur.

Mardi 8 juin 1982, 15 h 30

« Vous auriez dû venir au dîner de gala.

— Pourquoi ?

— Jacques Attali est vraiment génial. Mon conseiller spécial s'est occupé de tout. La mise en place des batteries antiaériennes. L'arrangement des bouquets floraux. La composition des menus. Les plans de table. Le choix de la musique de chambre. Son génie des grandeurs a bluffé nos hôtes. Thatcher a dormi dans un lit Louis XVI, celui qui fut occupé, en 1972, par la reine Élisabeth II. En Angleterre, l'ancien ingénieur chimiste n'aurait pas l'occasion de se glisser dans une couche royale ! Reagan s'est retrouvé dans les anciennes cuisines du Roi-Soleil. Offices transformés, il est vrai, en lieu de villégiature pour les hôtes étrangers de la France. Hirohito, Faysal d'Arabie, Hassan II les ont également occupées. Le président des États-Unis a partagé avec Nancy un couple de lits jumeaux placé sous un seul baldaquin. Moi-même, au Trianon, j'ai pris la suite qui m'est réservée en tant que chef de l'État. Rien n'aura été épargné à nos hôtes. Ni la voix de Mme Esther Lamandier chantant quatre ballades du XIVe siècle à l'opéra royal du château. Ni les petites mains des rois de la nouvelle cuisine française, Bardet, Thomas, Pangaud, Pasquet transformant la cour des Cerfs en cuisine de campagne. Ni la centaine de saxophonistes déguisés en poissons, revêtus de plastique transparent, barbotant dans le bassin de Neptune, de l'eau jusqu'au ventre, avec un chef déguisé en pompiste se contorsionnant entre des fumerolles rouges, pour jouer quatre notes, répétées pendant trente minutes. Ni les promenades le long du grand canal. Ni le spectacle final avec feu d'artifice, superfête de la Rose, diffusé en mondovision et commenté par Léon Zitrone. Notre capacité à recevoir dans les ors n'a pas été mise en défaut. Le rang de la France dans le concert international des nations a été tenu. »

Sortir de l'évidence factuelle, de l'immédiat événementiel, des apparences omnipotentes m'apparaît urgent. Comme de ramener son éminence présidentielle à son vécu humain le plus banal.

« Comment avez-vous vécu la confrontation avec ces représentants du pouvoir souverain, monarchique ou républicain ?

— J'avais l'impression d'une réunion de famille. Nous avons discuté de l'héritage et, bien sûr, nous n'étions pas d'accord sur sa répartition. Nous avons établi ce constat. Traduction en langage diplomatique : nous avons adopté à l'unanimité une déclaration finale. En toute honnêteté, je dois l'avouer, notre réception à dimension planétaire fut un peu surréaliste. Pendant nos palabres, les rouages du monde continuaient à tourner, broyant les humains à tout-va. Blessée dans sa fierté nationale, Margaret Thatcher désirait continuer la guerre des Malouines jusqu'à la reddition des Argentins. Israël envahissait le Liban, sans que nous sachions si son incursion territoriale serait limitée et brève ou si Yasser Arafat et les Palestiniens seraient poursuivis jusqu'à Beyrouth. Dans ce contexte, le marbre des colonnes, les escaliers volumineux, les fontaines monumentales étaient superfétatoires. Je continue, malgré tout, à penser que le rang de la France siège dans les monuments qui ont marqué sa grandeur. Le sommet a débuté dans la salle du premier étage où trône le tableau de David représentant le couronnement de Napoléon Ier. »

Changement d'époque, de pompe. Nous débarquons dans un siècle inauguré par l'Empire. Je me souviens que l'acte législatif inaugural du septennat mitterrandien fut la suppression de la peine de mort. Abolition suivie d'une commande expresse du Président à son ami et garde des Sceaux, Robert Badinter : remplacer le code Napoléon par le code Mitterrand. Depuis près de deux siècles, nul n'avait osé s'attaquer à l'intouchable. L'objet napoléonien nouvellement apparu dans la cure mérite d'interrompre le récit centré sur le G7 :

« Vous parlez de Napoléon. Pourquoi ?

— Pour préciser que l'Empereur délaissa Versailles, lui préférant les Tuileries. Voilà un bâtisseur ! »

Je note, une fois encore, que le Président ne se laisse pas dévier de sa route. Autrement dit, il n'aime pas les coupures. Je prends mon impatience en patience.

« Quinze années de règne se sont révélées insuffisantes pour que tous les projets de l'Empereur se réalisent de son vivant. Néanmoins, il transforma profondément notre moyenâgeuse capitale. Perçant la rue de Rivoli et celle de la Paix. Érigeant la colonne Vendôme, l'arc de triomphe du Carrousel. Sans oublier la réunion des palais du Louvre et des Tuileries qui débute sous sa férule. Si Dieu me prête vie, et sans me transformer en Grand Architecte de l'univers, je laisserai, moi aussi, une trace de mon passage. À Paris, bien sûr. Quand je suis arrivé à l'Élysée, j'ai trouvé les lieux trop exigus. Pas les bureaux principaux ou les espaces de réception, qui sont de taille correcte. Mais les bureaux de mes conseillers. Il n'est pas digne de les astreindre à travailler dans ces conditions. Visitez un jour le palais. Vous verrez, cette présidence est vraiment la plus petite d'Europe. En pensée, j'ai transféré l'Élysée aux Invalides. Me rapprocher des cendres de Napoléon m'aurait amusé, mais on m'aurait traité de mégalomane. L'idée m'est vite passée. »

Je note la pensée qui traversa l'esprit du Président après avoir communié au Panthéon avec trois hommes de gauche : se rapprocher des cendres de l'empereur Napoléon. Je remarque la répétition ici en jeu. Renouer avec les vivants du passé malgré leur trépas. Maintenir un commerce avec les morts après leur traversée de l'Achéron. Je pense aborder ce symptôme dans une prochaine séance. À l'instant, je préfère l'entendre parler des sentiments qu'il a éprouvés dans le palais de Louis XIV.

« Au Trianon, n'avez-vous pas eu l'impression de retrouver les espaces perdus de votre enfance ?

— Non, c'est beaucoup trop pompeux ! André Malraux a engagé pour de Gaulle la restauration complète du grand Trianon, aménageant l'aile gauche pour les hôtes d'honneur de la République et réservant l'aile de Trianon-sous-Bois au Président de la République. Je n'apprécie guère Malraux dont le statut de grand écrivain m'apparaît contestable. Quant à de Gaulle... »

L'analysant passe du bâti royal, impérial ou républicain, aux êtres de sang et de chair. J'en profite :

« Parlez-moi de votre rapport avec le chef de la France libre, sans éluder votre hostilité ou votre agressivité à son égard.

— Pour comprendre mes rapports avec cette figure historique, il est nécessaire de se replonger dans l'atmosphère de la guerre. Je vous ai déjà raconté la manière dont j'ai été capturé par les Allemands alors que, blessé à l'épaule, je me trouvais à l'hôpital de Bruyère dans les Vosges. De ce lieu d'infortune, j'ai été expédié à l'hôpital puis au camp de prisonniers de Lunéville. De là, un convoi nous a envoyés en wagons à bestiaux dans un camp de tri. Ensuite, je me suis retrouvé au stalag IX A, à côté de Weimar, un camp réservé aux soldats, puisque, n'ayant pas acquis la préparation militaire adéquate au polygone de Vincennes, je n'étais que sous-officier. J'avais le matricule 21716. Le camp, le *Stammlager* en allemand, c'était 35 000 hommes jetés sur le flanc d'une colline de la Hesse. Là, j'ai vécu mon premier contact avec la douleur, la faim, la mort en série. Les Allemands faisaient déposer quelques bassines de soupe d'orge, ou de rutabagas, un peu de pain. Une fois par jour. Après, c'était la bataille. J'ai vu des gens faire de la place en poignardant les autres. Il n'y avait aucune règle de partage, aucune société organisée. C'était une loi terrible, celle des plus forts, des moins scrupuleux. J'ai constaté que le besoin d'harmoniser cette société s'est fait alors qu'elle se résumait à un juste partage de boules de pain et de louches de soupe. Ceux qui, avec le couteau ou les poings, se rendaient maîtres des bassines ont dû évacuer. Ça n'a pas duré trois mois. Des images de ces temps me viennent. Celles des latrines, des centaines d'hommes souffrant de dysenterie, certains tombant dedans, morts. Et puis, il y eut l'arrivée des Serbes qui étaient beaucoup plus maltraités que nous, avec beaucoup de morts. Le matin, les tombereaux passaient. On nous avait chargés d'y jeter les cadavres. »

Le Président accompagne sa parole d'un mouvement de la main, imitant le geste d'une fourche qui envoie un mort en l'air.

« Dans quel état d'esprit étiez-vous dans ce camp ?

— Je savais que je vivais de grands événements. Qu'il fallait survivre. Et que, pour survivre, il m'appartenait d'avoir l'esprit disponible.

— Que signifie avoir l'esprit disponible ?

— Garder une distance pour juger des choses sans être emporté par un mouvement, une contagion. Il y a des choses infimes comme les bouteillons, c'est-à-dire les fausses nouvelles qui se répandent dans les foules qui sont loin de chez elles. Exemple : on va être libérés la semaine prochaine ; les Allemands ont été écrasés à tel endroit. Des nouvelles heureuses entretenues par la rumeur, mais qui n'ont pas de sens. Moi, je n'ai jamais été malheureux ni précipité dans des pensées moroses ou pessimistes. J'étais plutôt bien au camp. J'avais la fraîcheur de la jeunesse... »

Silence.

« Personnellement, je n'ai jamais été malade. Je ne me souviens pas d'un rhume... »

Silence.

« J'avais le sentiment, comme tous sans doute, que je survivrais. La mort, quand on est jeune, c'est l'autre. C'est pour les autres. Après cette initiation à la mort en série, j'ai été envoyé dans un commando qui dépendait du stalag IX C, à Schaala près de Rudolstadt, toujours en Thuringe. Nous sommes en octobre 1940. Le numéro de cette équipe de travail forcé était le 1515... »

Retour époustouflant du 15. *Come back* du numéro de la chambre choisie, en 1959, à l'hôtel du *Vieux-Morvan* par le maire nouvellement élu de Château-Chinon. Je me souviens de la séance du 25 mai dernier. Le Président parlait de cette minuscule pièce qui lui semblait essentielle pour comprendre son accession au pouvoir. Une toux l'avait interrompu dans sa démonstration. Je l'avais relancé sur ce 15. La séance avait été particulièrement riche. Il avait associé sur 1515 et sur le général de Gaulle. À cet instant de sa cure, il s'était rappelé un texte qu'il avait commis, dans lequel il affirmait que le général resterait dans les dates apprises par cœur, comme celle de Marignan. Le 15 avait également renvoyé à l'épisode de l'Observatoire, qui se déroula la nuit du 15 octobre 1959. Avant d'échapper à l'attentat, il s'était vu mort, sur le trottoir parisien, les bras en croix. J'avais interprété ce phantasme comme une identification au Christ, mort en croix, avant d'être ressuscité. Interprétation confortée par le « Bloc-notes » de François Mauriac qui parlait d'un garçon chrétien, dont la blessure chrétienne ne se cicatrise jamais. Je laisse passer sans rien dire ce retour du refoulé. Ce dernier est si puissant que, d'ici la fin de la séance, il fera à nouveau parler de lui. Je décide non seulement de ne pas interrompre le récit de sa guerre mais de l'accompagner aussi platement que possible.

« Parlez-moi de ce commando.

— C'était une petite collectivité de deux cent cinquante hommes hébergés dans une ancienne fabrique de porcelaine. Nous étions une équipe où il y avait beaucoup d'instituteurs, de nombreux prêtres, des étudiants, des avocats, mais aussi des prisonniers étrangers passés par la Légion. Aujourd'hui, mes meilleurs amis sont des anciens camarades de commando. Ils sont sept ou huit. On se voit tout le temps. C'était dans l'Allemagne centrale. Il faisait très froid durant l'hiver 1940. Je balayais la neige sur les rails de chemin de fer. À la fin de la journée, j'avais froid malgré les chiffons que je portais autour des pieds. Les chaussettes russes. Je ne me suis jamais plaint de rien parce que je ne souffrais pas vraiment. Cela étant, la souffrance physique, je n'aime pas ça. J'entrais dans la vie héroïque. C'était l'occasion de voir ce que je valais. J'avais le sentiment que je traverserais tout ça.

— Qu'est-ce qui vous a donné cette force de caractère ?

— Elle doit être dans mon tempérament. Je garde toujours des murs épais entre les événements et moi. Dès que j'ai été prisonnier, mon obsession a été de m'évader.

— Pourquoi ? Vous auriez pu attendre la fin du conflit, comme bien d'autres !

— Je n'ai jamais laissé la collectivité dans laquelle je vivais empiéter sur moi. J'étais interne dans un collège catholique, je n'ai jamais participé à une organisation comme les Jeunesses catholiques ou les scouts. J'étais rebelle à toute organisation, à tout cercle d'étude. Si je m'étais laissé aller à la pente naturelle de ce genre d'institution, je n'aurais plus eu de vie personnelle. Je n'aime pas que l'on se mêle de ma vie. Alors, rester prisonnier dans un camp allemand ! De plus, j'avais très envie de retrouver ma promise, Marie-Louise Terrasse, avec qui je m'étais fiancé lors d'une permission au printemps 1940. Rentrer dans mon pays, reprendre le combat, retrouver les gens que j'aimais, sortir de l'état de sujétion dans lequel je me trouvais, voilà les raisons qui m'ont conduit à prendre la fuite dès que j'ai pu. Une évasion comme celle-là s'organise. En plein hiver 1941, on ne va pas de Thuringe au Wurtemberg en passant par la Bavière sans préparation. J'ai économisé de la nourriture. Reconstitué une carte de l'Allemagne. Je me suis procuré des vêtements civils et une casquette à carreaux. Le 5 mars 1941, avec l'abbé Leclerc, nous sommes partis. J'avais mis à ma boutonnière l'insigne du NSDAP, la *Nationalsozialistische Deutsche Arbeiter Partei*. Je dis ça pour tous ceux qui me reprochent d'avoir reçu la francisque. Comme si le premier avait fait de moi un nazi et la seconde un suppôt de Vichy. Après vingt-deux jours de marche, nous avons été pris. Nous étions à deux pas de la frontière suisse. Case d'après : la prison civile de Spechigen. Cases suivantes : le stalag IX C, puis le IX A où j'avais fait un bref séjour l'été précédent, à côté de Cassel. De là, le 28 novembre 1941, je me suis à nouveau évadé. Cette fois-ci vers la France, en prenant le train. J'ai été arrêté à Metz. Interné dans le camp de triage de Boulay, j'allais être envoyé en Pologne, comme toutes les fortes têtes. Je me suis dit : "Tu dois t'évader tant que tu es en Lorraine." Ce que j'ai fait, le 10 décembre. »

Je note le retour du signifiant « Lorraine » alors qu'il est en train de brosser l'environnement historique nécessaire pour me parler du général de Gaulle. Il est indispensable de rester neutre et de continuer à noter l'insistance avec laquelle le patronyme de sa branche maternelle revient dans cette cure. Je relance en pointant que l'analyste est un être doué de mémoire :

« Vous m'avez déjà raconté votre arrivée dans le Jura en décembre 1941, chez des cousines qui vous ont requinqué. Qu'avez-vous fait après cette étape ?

— J'ai repris contact avec ma propre famille qui était en zone occupée, puis avec des amis, de-ci, de-là. J'ai résidé chez l'un d'entre eux, Jean Despas, à Saint-Tropez. Pas le lieu à la mode d'aujourd'hui, mais le village des pêcheurs et des peintres. Là-dessus, j'ai repris contact avec les restes de l'état-major et de la IIIe République qui parodiaient le jeu du pouvoir dans les hôtels de cure thermale. Quand je suis allé la première fois à Vichy, c'était fin janvier, début février 1942. Le beau-père de mon frère aîné m'a procuré un emploi, chargé de l'information au Commissariat aux prisonniers de guerre. J'ai été porté tout naturellement à entrer en relation avec des camarades évadés comme moi. Entre nous, c'était une sorte de franc-maçonnerie. Nous avons commencé à nous agiter. Notre première réunion un peu constitutive s'est déroulée, pendant l'été 1942, dans les Hautes-Alpes, à Montmaur. Nous étions là quarante, cinquante. Organisant notre auto-défense et commençant à avoir des idées dans la tête. Après le 11 novembre 1942, c'est-à-dire après la fiction des deux zones, et l'occupation par les Allemands de toute la France, nous étions des hors-la-loi. En sécurité nulle part. Il nous fallait de faux états civils. Nous sommes devenus fournisseurs pour nous-mêmes et pour les autres. J'ai conservé mes fausses cartes d'identité de l'époque, j'en possède dix-neuf, je crois. Mon nom le plus usuel était Morland. C'était la mode des stations de métro et Morland avec son M ressemblait à Mitterrand. »

Je me souviens des notes prises à la volée après une séance de la fin mai. J'avais repéré, sans le signaler à mon patient, deux particularités dans le nom de l'hôtel qu'il avait investi : *Le Vieux-Morvan*. Morvan commence par un M comme Mitterrand. Et la première syllabe du mot se prononce de la même manière que (la) mort. On aurait pu penser qu'il s'agissait de jeux de mots plus dignes du *Yo de poêle*. Les propos qu'il tient à l'instant montrent combien la mort a déterminé son implantation géographique dans la Nièvre, comme l'ensemble de son destin. En effet, François Mitterrand nous donne à entendre le rébus Morland et commence à le déchiffrer en notant que Morland commence par un M comme Mitterrand. Mais il n'entend pas le son « mort » qui inaugure son identité d'emprunt. Pas plus qu'il n'a repéré les harmoniques mortifères qui s'entendent dans Montmaur, le lieu originaire de sa résistance. Dans la séance du 25 mai, j'étais resté silencieux. Aujourd'hui, je le reste tout autant, même si les signifiants de la mort que je repère dans son discours revêtent une importance considérable. Je le laisse poursuivre sur la lancée de sa guerre :

« J'ai démissionné du commissariat de Vichy et j'ai participé à la création du Centre d'entraide aux prisonniers qui fut toléré quelques mois. Les choses se sont accélérées avec le service du travail obligatoire, le STO. Quand on parle de la Résistance, on oublie souvent de préciser que les maquis se sont constitués avec les jeunes qui refusaient d'aller en Allemagne. Ces garçons ont reflué en nombre dans les campagnes reculées ou les hautes vallées. N'ayant rien à faire, ils vivaient de rapine. Les organiser est devenu une nécessité. Ce qui a fourni les troupes pour les différents groupes qui se sont constitués. Dans l'intervalle, s'était créée une organisation de résistance de l'armée dont le patron adjoint était le colonel Pfister. Comme j'avais rendu des services pour ramener des évadés d'Allemagne, tout ça s'est lié. J'ai eu un rendez-vous avec les dirigeants des mouvements unis de résistance dont, Berthie Albrecht.

— Est-ce qu'il vous revient un fait précis sur cette époque ?

— Pierre Laval avait organisé une réunion des mouvements officiels de prisonniers pour favoriser un échange particulier. Un prisonnier libéré contre trois ouvriers "volontaires". J'y suis allé avec l'identité de quelqu'un qui y était convié. J'ai pris la parole pour indiquer notre refus de ces échanges, improvisant sur une chaise dans les hurlements d'une foule déchaînée.

Finalement, les troupes de police casquées sont entrées dans la salle. Cette intervention a créé un tel désordre que la manifestation, où il y avait tous les dirigeants de l'État du moment, n'a pas continué. Bien sûr, à partir de là, je suis totalement grillé. J'ai été chargé de mission pour Alger. Une nuit de novembre 1943, un petit avion de reconnaissance anglais, un Lysander, m'a récupéré dans une prairie près d'Angers. J'ai connu Londres. On a soumis à ma signature un registre qui m'engageait dans la France libre. Je suis allé à Alger, via Bristol et Gibraltar. En février 1944, je suis revenu en Angleterre. Voilà le contexte exposé.

— Et votre relation avec de Gaulle ?

— Le débarquement allié en Algérie a eu lieu en novembre 1942. Depuis la fin mai 1943, de Gaulle n'était plus à Londres. Il se trouvait à Alger. Lorsque j'ai, pour la première fois, entendu parler du Général, j'étais blessé et prisonnier à Lunéville en attente de transfert vers l'Allemagne. Quelqu'un qui était très proche d'Edwige Feuillère m'a raconté l'appel du 18 juin en me parlant d'un "type qui s'appelle de Gaulle. Quel beau nom pour ce qu'il a fait !" C'était fin juillet 1940, un moment où le mot "résistance" n'était pas encore usité. J'ai rencontré l'homme qui incarna la durée historique de la France à la villa des Oliviers, sur les hauts d'Alger, à El-Biar, au bord d'un escarpement dominant l'une des plus belles baies du monde. Henri Fresnay m'y a conduit le 2 ou le 3 décembre. J'ai d'emblée été agacé par les tentatives hégémoniques que je discernais chez lui. Il voulait imposer ses vues sur l'organisation interne d'un mouvement de résistance dont j'avais eu la principale responsabilité. Si ses ordres m'étaient apparus comme correspondant aux réalités de ce que je connaissais de la Résistance, très bien. Mais ses directives me paraissaient mal fondées. J'ai donc refusé certaines de ses injonctions.

— Pourquoi ?

— Je n'étais pas engagé dans une armée, une foi ou une discipline. Il y avait une lutte entre la Résistance intérieure et la Résistance extérieure et, contrairement à ce qui s'est passé dans la plupart des pays, comme la Yougoslavie par exemple, c'est la Résistance extérieure qui l'a remporté. Il n'y a pas eu de leader de la Résistance qui ait survécu pour cristalliser la Résistance intérieure. Les grands leaders communistes auraient pu. Mais ils étaient communistes, donc ça limitait leur audience. Les autres étaient morts. Jean Moulin : je ne dis pas qu'il aurait voulu le faire, mais enfin je sais qu'il y avait pensé. Ceux qui sont allés à Alger, eux, ne sont pas revenus. Moi, je l'avais bien remarqué. On m'a fait la proposition d'entrer à l'assemblée consultative. J'ai refusé. Je suis revenu d'Alger contre les ordres du Général, en passant par le Maroc et Londres. Ensuite, une vedette MTB m'a pris en charge en Cornouailles et lâché à proximité de Beg an Fry, sur la côte nord du Finistère. C'est ainsi qu'en mars 1944, j'ai pu, avec d'autres, fusionner au plan national les trois mouvements de Résistance issus des rangs des prisonniers de guerre et déportés.

— Vous m'avez précisé qu'au mois d'août 1944, le général de Gaulle vous avait demandé de participer au gouvernement des secrétaires généraux. Il n'était donc hostile ni à votre personne ni au mouvement que vous représentiez.

— C'était juste un armistice. Après la guerre, la fraction gaulliste a engagé une bataille impitoyable pour que les résistants qui ne se reconnaissaient pas dans leur définition soient, d'une façon ou d'une autre, éliminés. Avec moi, vous le remarquerez, ils n'y sont pas parvenus.

— Quel rapport y a-t-il entre le récit de votre captivité et votre opposition au général de Gaulle qui durera un quart de siècle ?

— Pendant l'exode provoqué par l'avancée des Allemands, j'ai vécu l'effondrement des structures sociales. Je me souviens que nous arrivions dans des villages vides. Les maisons abandonnées avaient été pillées. Par les Français ! Pas par les Allemands. Ils n'étaient pas arrivés ! Dans les camps, surmontant la loi de la jungle qui s'était installée, une société nouvelle s'est érigée. J'ai écrit et publié cette réalité dès 1943 : "Unis dans l'infortune, toute classe, toute différence sociales abolies en face du travail aux champs, égaux devant la soupe réglementaire, soumis au même rythme de la journée et de la nuit..." *Et cætera*, *et cætera*. Si ça vous intéresse, vous trouverez la suite dans la revue. De Gaulle n'a connu ni cette dissolution sociale, ni la naissance d'une nouvelle solidarité au sein de la promiscuité. Moi, ça m'a profondément marqué. L'ordre que le chef de la France libre a rétabli en 1944, celui auquel il aspirait pour la suite, était un ordre ancien que je ne souhaitais pas retrouver. »

La séance est d'une telle richesse que j'ai l'embarras du choix pour la ponctuer. Je choisis le retour époustouflant du nombre 15 dans le numéro que portait son commando : le 1515.

« Vous avez déjà lancé une pointe humoristique contre de Gaulle. Vous avez dit que l'histoire retiendrait la place de ce dernier dans les dates apprises par cœur, comme celle de Marignan. Qui se situe en 1515, comme le sait chaque écolier hexagonal. Étrange que les chiffres qui composent le numéro de votre commando soient les mêmes que ceux qui datent la bataille gagnée par François Ier, non ? Singulier que le 15 soit également lié à l'épisode de l'Observatoire où vous vous étiez identifié au Christ mort puis ressuscité. Quels liens faites-vous entre toutes ces choses ? »

Mardi 8 juin 1982, 15 h 30

Silence.

Lancer une telle interrogation revient à lancer une bouteille à la mer. Impossible de savoir si un destinataire quelconque la recevra.

« Je me souviens que de Gaulle avait choisi l'emblème de la croix de Lorraine pour rassembler tout ce qui appartenait à la France libre. Des bâtiments de guerre aux appareils des forces aériennes en passant par les insignes et les timbres. À cet instant, je m'aperçois que mon hostilité envers de Gaulle relève d'un autre registre de vérité que ceux que je connaissais et que je vous ai décrits. Je pense qu'une rivalité inconsciente majeure me faisait rejeter le personnage comme sa politique. À ses yeux, il n'y avait rien de plus dangereux que le patriotisme non estampillé par la croix de Lorraine. D'une manière inconsciente, je crois que je l'ai pris pour un usurpateur patenté. Ne s'était-il pas approprié la croix de Lorraine qui figurait la lignée symbolique des ducs d'Anjou devenus ducs de Lorraine à partir de 1473 ? Ne représentait-elle pas un reliquaire de la croix avec un double croisillon ? Mais la vraie croix est celle du Christ. C'est moi qui depuis des années porte la véritable croix. Pas de Gaulle. Je l'ai poursuivi d'une vindicte irrationnelle, pensant sans le savoir que la croix c'était à moi de la porter et pas à lui. C'est drôle, non ? En tous cas, c'est un motif d'antagonisme qui en vaut bien d'autres.

— Le savoir auquel vous accédez aujourd'hui ne remplace pas vos vérités politiques d'hier. Il se greffe sur elles. »

Silence.

« Bien. On va s'arrêter là aujourd'hui. »

Notes prises à la volée après la séance

Yvonne, c'est le prénom de la femme du général de Gaulle. C'est également le prénom de la mère de François Mitterrand.

Vendredi 11 juin 1982, 7 h 30

Je regarde mon enregistreur téléphonique. Il m'indique qu'un message y a été déposé. Pour l'écouter, j'appuie sur la touche idoine de la machine à restituer la parole.

Sur fond d'un silence oppressant, la voix saccadée de François Mitterrand se détache :

« Pourquoi n'êtes-vous pas joignable à tout moment ? Les urgences, c'est pour les autres, le beau rôle, pour vous. Cette nuit, à 2 h 30, j'ai été réveillé par une douleur au creux de l'estomac. J'avais l'impression que j'allais mourir. Là, sur-le-champ. Le médecin m'a affirmé que je ne débutais pas d'infarctus du myocarde. Mieux, en me prescrivant un calmant, il a été catégorique : mes symptômes sont purement psychologiques ! J'ai tendance à le croire. Depuis mon enfance, l'idée d'un trépas imminent me saisit par intermittence. Au début, ces pensées m'angoissaient. Je n'en parlais à personne. Elles étaient néanmoins constitutives de mon être, dissimulées au plus profond de mon jardin secret. Je me suis habitué à leurs visites impromptues. L'angoisse qui, au début, me tenaillait lors de leurs apparitions a fini par disparaître. Elles sont presque devenues mes amies. Pendant des années, je les ai fréquentées à distance. Quand elles étaient présentes, moi, affectivement, je m'absentais. J'entretenais ainsi un rapport froid avec l'idée de ma propre mort. Vinrent les Diaphoirus et le diagnostic de cancer qu'ils ont prononcé à mon sujet. Depuis, en public, j'affiche toujours le même détachement vis-à-vis de la mort. Dans la nuit solitaire, il m'arrive d'être oppressé, ou saisi de panique. Parfois, je suis même terrifié. »

Silence.

« J'ai l'impression de parler dans le vide. C'est le cas, non ? »

Silence.

« À demain. »

Nous sommes demain. Je reste perplexe : quelle est la valeur de cet appel ? Appel à un autre qui n'est pas l'analyste et qui, comme toute demande relevant du transfert, sera à interpréter ? ou simple mouvement d'affolement ? J'hésite à avancer son prochain rendez-vous. Je vaque à mes occupations matinales. Jette un coup d'œil à mon emploi du temps du jour. Patients. Plage horaire destinée à la rédaction d'un ouvrage scientifique. En soirée, conférence sur l'art de civiliser le temps. Je me décide à faire le mort. Les médicaments anxiolytiques prescrits par le staff médical ont eu le temps d'agir. Il n'y a donc pas lieu d'accélérer le tempo.

Maintien du *statu quo*. Prochaine séance, ce jour, à 15 h 30.

Vendredi 11 juin 1982, 15 h 45

Comme s'il n'avait passé aucun appel nocturne angoissé, le Président, tout sourire, entre dans le bureau. Vêtu d'un costume d'été, veste noire d'un maquillon auvergnat stylisée par un couturier parisien, le col évoquant la tenue Mao, il s'allonge.

Le corps détendu, il se cale cinq bonnes minutes dans un calme silence. Ses mains sont relativement mobiles : la gauche caresse son menton ; la droite gratte parfois l'oreille droite.

« À quoi pensez-vous ?

— Être élu pour quatorze ans donne plus de possibilités d'action qu'être élu pour sept ans. À ce compte-là, je pourrais rester vingt et un ans. Pour reprendre l'expression que j'ai déjà employée : "J'aurai déjà soixante et onze ans en 1988, mais je n'aurai que soixante-dix-huit ans en 1995." Ça m'a amusé de le dire. Tenez, je vous ai apporté une surprise. »

Étant donné le nombre de septennats que son imagination déroule, je pense que de nouvelles lectures m'attendent. Dans un registre immortel ou éternel. Je me trompe.

François Mitterrand se lève, se dirige vers la petite sacoche en cuir qu'il a posée sur mon bureau et en sort une série de photos.

« Jetez un coup d'œil là-dessus », me dit-il en tendant une liasse au format 21x15. Il se rallonge. « Je pose pour le photographe Konrad Müller. Ce dernier a mon accord pour réaliser un livre de portraits qui sera préfacé par Michel Tournier. Son ouvrage sera publié l'année prochaine. Que pensez-vous des premiers clichés ? »

Pas un tirage en couleurs. L'œuvre est noire. Les visages en gros plan, très hiératiques, figent l'âge du modèle. J'ai l'impression que le Président me donne à contempler des photos d'un gisant. Il est évident que cette iconographie est en rapport avec le message qu'il m'a laissé la nuit dernière. Ces clichés relancent la demande initiale que le Président a exprimée au début de la cure. Quelle est la relation entre son accession à la présidence et la maladie, potentiellement mortelle, qui l'affecte ?

« Vous me donnez à voir des portraits de vous-même. C'est-à-dire des objets qui ont pour ambition de vaincre la mort.

— Quand j'ai eu à choisir un artiste pour fixer mon image présidentielle, j'ai demandé à Gisèle Freund. Une référence. Elle avait fixé dans la gélatine et la postérité les images de Virginia Wolf, Bernard Shaw et James Joyce. Je me serais bien vu écrivain... »

Commençant à connaître les manœuvres discursives dont François Mitterrand use pour éviter d'engager directement sa personne dans la cure, je coupe délibérément le retrait dans le monde littéraire qu'il s'apprête à effectuer.

« Parlez-moi de la mort.

— Oh ! je n'ai jamais tué personne. Soldat, dans une première phase, je n'ai eu qu'un fusil ; plus tard, on m'a donné des munitions, mais on m'a retiré le fusil. Ce n'était pas commode de réunir les deux bouts de l'arme à feu. Il m'est arrivé de tirer. Mais de tirer sur une cible vivante, jamais. Je m'en réjouis, d'une certaine manière. Je dois néanmoins l'avouer, je suis responsable de quelques trépas. Tous les quatre ans, je vide l'étang que je possède dans le Morvan. Ce jour-là, quelques tanches terminent leur existence. Les carpes, il n'y en a plus. Elles ont été braconnées depuis longtemps. »

Je réponds au Président sur le registre humoristique qu'il emploie :

« Je ne vous demandais pas de me parler de vos dons criminels. Mais d'évoquer le registre de la mort naturelle.

— Je ne veux pas que l'on m'enterre à Paris, c'est une manie ridicule, mais c'est comme ça. Je suis le premier à en rire. Vous imaginez, le cimetière de Thiais ou Clamart ? Même pas à Montparnasse.

— Vous n'entendez pas ma question. Je vous interroge sur la mort des autres.

— Qu'est-ce que vous voulez que je vous dise ? J'ai toujours été attentif à la mort. Celle des autres plus que la mienne. Non. Ce n'est pas exact. Ce n'est pas la mort elle-même qui m'a toujours fasciné. En cette affaire, je dois préciser. J'ai toujours été attentif au deuil des autres. Je suis disponible quand mes amis ou mes proches éprouvent un deuil. Entièrement. Toujours et de tout temps.

— Par exemple ?

— La mère de Roland Dumas, Élisabeth, a vécu, en 1965, une longue agonie à la suite d'un cancer. J'ai été soutenir mon ami dans sa douleur à la clinique de Neuilly, plusieurs fois par semaine. L'enterrement a eu lieu à Limoges. Aux aurores, en Citroën noire, j'ai traversé le Massif central pour être présent aux obsèques qui avaient lieu à 9 heures. Président de la République, il m'arrive également de me rendre auprès d'un ami dans la difficulté ou dans la souffrance.

— Vous parlez de votre intérêt pour le deuil des autres. Précisez ce que vous entendez par là.

— Lorsque j'ai aimé un écrivain, il ne m'a jamais été inutile ni indifférent de savoir où il reposait, dans quel cadre, quel décor. Je ne suis pas un spécialiste de ces choses. Je suis néanmoins touché par le sort réservé à leurs dépouilles mortelles. Disons que je suis allé voir la tombe de Bernanos, de Mallarmé et de quelques autres, là où généralement on ne sait pas qu'ils se trouvent. C'est intéressant de savoir que Bernanos a voulu retourner auprès de sa mère. C'est intéressant de voir qu'il y avait un vase cassé sur la tombe de Mallarmé, près de Fontainebleau. C'est intéressant de voir Van Gogh auprès de son frère. Ce n'est pas une manie ni une obsession, mais ça complète l'idée que j'ai d'un personnage. C'est une méditation. C'est là que s'achève l'aventure humaine dans son aspect physique. »

Je pense qu'il est temps d'engager le patient sur le signifiant « mort » qui le poursuit depuis si longtemps, et que j'ai repéré dans l'hôtel du *Vieux-Mor*v*an*. Dans Mont*maur*, lieu inaugural de sa résistance ; dans *Mor*land, le pseudonyme favori qu'il prit dans la clandestinité.

« Pourquoi avoir choisi votre implantation politique dans une région qui vous était entièrement étrangère et où, pourtant, vous êtes resté trente-cinq ans de votre existence ?

— C'est par hasard que je suis venu dans la Nièvre. Henri Queuille, l'ancien président du Conseil, qui m'aimait bien, m'avait suggéré la Vienne ou la Nièvre. Les radicaux n'y avaient pas de candidat, c'étaient donc de mauvaises circonscriptions. Sinon, ils ne me les auraient pas proposées. J'étais partant pour la Vienne. J'ai eu des parents à Poitiers, ma grand-mère est enterrée à Poitiers, où j'ai eu mon bac. Mon père s'y rendait souvent. La perspective d'en devenir député me séduisait. J'ai examiné les résultats des élections précédentes, il n'y avait pas d'ouverture. J'ai donc choisi la Nièvre, où je n'étais jamais allé de ma vie. Pour me faire élire. En 1958, une modification du mode de scrutin décidée par de Gaulle m'a fait choisir la circonscription de Château-Chinon. Électoralement, j'y étais le moins fort, mais j'aimais le Morvan et les Morvandaux. »

Il est temps d'interpréter. Interpréter, c'est communiquer à un patient une vérité inconsciente qu'il connaît déjà, pour la bonne raison que l'analysant l'a déjà énoncée à l'analyste. Je sais le moment opportun arrivé quand, non content de dire sa part de vérité, il la rabâche.

« Non ! Vous savez bien que l'amour pour vos concitoyens n'est pas seul en cause dans votre choix territorial. Vous avez choisi le Morvan pour des raisons personnelles et inconscientes. Morvan commence par mort. Et cette occurrence phonétique est déterminante dans le choix qui a été le vôtre.

— Dans les années dont vous parlez, j'ai connu deux deuils. Le premier, à l'automne 1945, quand j'ai perdu un petit garçon de trois mois, qui s'appelait Pascal. En mai 1946, mon père est décédé après sa longue agonie. J'en ai déjà parlé. »

Bref silence.

« Voilà, c'est tout. »

Nouveau silence. Il reprend :

« Je ne vois rien d'autre. Preuve que votre remarque n'est pas pertinente.

— Je n'avais pas terminé de dire ce que je voulais vous dire. Morvan contient non seulement « mor(t) » mais ce mot rime aussi avec Touvent. De plus, c'est le moment de noter que votre faux état civil de la clandestinité était Morland. Et qu'il y a un mort qui se tapit dans ce nom de famille, aussi faux soit-il. Comme si vous l'aviez choisi pour incarner une mort, ou un mort. »

Silence de plus de dix minutes.

Je laisse passer ce long temps de réflexion et d'élaboration sans intervenir.

C'est à François Mitterrand que revient le travail de construire le lien nécessaire pour sortir des identifications mortifères dans lesquelles il est pris.

Reprise de parole mitterrandienne sur un ton ferme et assuré :

« J'ai réuni des choses qui étaient éparses. L'ordre dans lequel je les ai assemblées me semble pertinent. Je commence par la conclusion. J'ai été, d'une certaine manière, amené à prendre la place d'un mort. Un oncle maternel, Robert Lorrain, que je n'ai pas connu, mais dont j'ai beaucoup entendu parler. Dire que j'ai été amené à le réincarner n'est pas trop fort.

— Comment en êtes-vous arrivé à cette conclusion ?

— Mon grand-père maternel avait eu quatre enfants. Deux garçons et deux filles, dont ma mère Yvonne. Il a perdu ses deux fils. Le premier très jeune, en octobre 1884, il avait dix-neuf mois. Le second, à l'âge de vingt ans, un 22 février 1908. Sur les épaules de Robert, mon oncle, pesait le destin des Lorrain. C'était lui qui pouvait encore transmettre le nom de cette lignée. Garçon très brillant, il était venu faire ses études à Paris. Il a séjourné dans le foyer catholique où je suis allé en 1934, en arrivant à Paris, rue de Vaugirard, au 104. Je suivais ses traces. Après huit ans de pension à Angoulême, j'étais venu préparer l'École normale supérieure à Henri-IV. Sur le moment, j'ai rationalisé. Je me suis dit : "Redevenir pensionnaire trois ou quatre ans. Ça, jamais de la vie !" J'avais envie d'être libre. Je suis allé m'inscrire à la fac de droit et en sciences politiques. Je m'étais résolu à préparer l'Institut de droit international. Une agrégation de droit en poche, j'aurais eu l'opportunité d'écrire. Aujourd'hui, je comprends l'évidence. Je précise, afin que vous me suiviez, que Robert Lorrain est décédé d'une phtisie galopante en prépa, au lycée Henri-IV. Sa sœur est venue en catastrophe le veiller dans l'infirmerie où il agonisait. Ma mère était en Bretagne, fraîchement mariée avec mon père. Elle a ramené la dépouille de son frère aimé à Jarnac. L'enterrement s'est déroulé au caveau de la famille Lorrain. La sœur m'a envoyé dans la filière de son frère. Prendre la place du mort, en somme. Par instinct, j'ai réussi à l'éviter. Du moins, au lycée Henri-IV. Mais ce deuil familial m'a affecté très jeune.

— Prenez le temps de me raconter en détail ces événements de votre enfance.

— Le décès de cet oncle a été une véritable catastrophe familiale. Un traumatisme indépassable. Mon grand-père est devenu croyant après le décès de son fils aîné, sous l'influence sans doute de ma grand-mère qui était extrêmement pieuse. Jusqu'à cet épisode tragique, lui, il était plutôt athée et radical. De ce jour, la maison de mes grands-parents a vécu recouverte d'un voile noir. Ma grand-mère n'a plus quitté ses vêtements de deuil. Ma mère, elle, ne s'est jamais remise de cette disparition.

— Qu'est-ce qui vous permet de l'affirmer ?

— Un exemple suffira à vous éclairer. En 1935, moins d'un an avant sa mort, elle écrit à mon frère qui se trouve, comme moi, à Paris. J'ai en mémoire ce courrier qu'il m'a fait lire : "Demain, 22 février, anniversaire de la mort de notre bien-aimé frère Robert, qu'il soit dans la vie ton soutien et ton modèle, mon cher grand fils qui est en même temps l'objet de ma tendresse et de mon orgueil." Vous voyez, vingt-sept ans après, comme elle pense à lui, quel amour elle lui voue.

— La lettre dont vous parlez est adressée à votre frère aîné. Pourquoi est-ce vous qui réincarneriez Robert Lorrain ?

— Vous avez raison. Le cadeau mortifère aurait dû échoir au plus grand des garçons. Le prénom choisi par ma mère pour le premier de ses fils a été, en effet, Robert. Sans doute lui a-t-elle transmis l'obligation morale de rallumer le flambeau. Moi, j'ai soutenu un double deuil. Celui de ma mère. Et celui de mes grands-parents. N'oubliez pas, jusqu'à mes dix ans, âge où je suis allé au collège, j'ai passé six mois par an en compagnie de ces derniers, alors que l'aîné des enfants Mitterrand n'y allait que pendant les vacances scolaires. Indubitablement, papa Jules comme maman Ninie m'ont aimé comme un fils. Maintenant que j'y pense, je me dis : comme leur fils, ressuscité. »

Le Président marque une pause en expirant profondément. Puis reprend :

« Cette histoire est incompréhensible si on oublie l'amour infini qu'ils m'ont porté. Quand ma grand-mère est morte, je suis resté assis dans un fauteuil à m'emplir les yeux de son image pendant des heures.

— Il est vraisemblable qu'ayant été élevé dans la piété de la mémoire de Robert Lorrain, on vous ait mis à une place impossible. Mais je ne vois pas le lien avec la tumeur que vous avez contractée. En d'autres termes, en quoi cette identification mortifère concerne-t-elle la politique ?

— J'y viens. Mon oncle, Robert Lorrain, avait été membre du Sillon, fondé par Marc Sangnier et Paul Renaudin. C'était un mouvement politique singulier, qui souhaitait rallier les catholiques à la République. Une sorte de parti démocrate populaire de l'époque. Il ouvrait le monde catholique traditionnel à la laïcité. »

Silence.

« On a dit que j'avais été Action française. C'est ne rien comprendre à ce que fut ma famille, ni à ce que je suis. Dans mon environnement, il y avait des gens qui appartenaient à l'Action française. Je pense à un retraité de l'armée, le colonel Moreau. Mon cousin germain, Pierre Sarazin, avec lequel j'ai été élevé, a épousé Odile, sa fille cadette, en 1937. Je faisais partie de la noce. Donc, je n'ignorais pas l'existence de ce courant politique, mais il était aux antipodes de nos convictions ! Pensez, en 1928, l'Action française de Maurras, Daudet, Bainville avait été condamnée comme hérétique par l'Église. Et jusqu'en 1934, lorsque la condamnation a été levée par Pie XII, être Action française vous interdisait de communier. Vous vous rendez compte : rejeté de la communion ! Non, ce n'était pas notre camp. Le nôtre était du côté des sillonnistes. Les prêtres et les séminaristes enrôlés dans leurs rangs défendaient les intérêts matériels et sociaux des classes ouvrières. Ils ont créé une université populaire avec des cercles d'étude, puis des instituts populaires avec une jeune garde destinée à contrôler la propagande. Le plus inouï, c'est qu'ils plaçaient l'autorité publique dans le peuple, de qui elle dérive ensuite aux gouvernants, de telle façon cependant qu'elle continue à résider en lui. Vous entendez la révolution que ce fut ?

— Pas vraiment.

— Mais les catholiques font dériver le droit de commander de Dieu, comme de son principe naturel et nécessaire ! Pas du peuple ! Pour le Vatican, en appeler à l'Évangile pour justifier cette conception de la loi républicaine, c'est faire appel à un Christ défiguré et diminué. Après un succès important au début de ce siècle, ce mouvement dut rentrer dans le rang, le pape Pie X les menaçant d'excommunication.

— En somme, vous seriez en train de réincarner cet oncle maternel jusqu'au bout. C'est-à-dire jusqu'à la réalisation de son idéal politique. Vous ne saviez pas que, ce faisant, vous le rejoigniez dans son être-pour-la-mort.

— J'ai répondu au désir qui m'a façonné.

— À l'extrême.

— J'ai pensé me faire enterrer au mont Beuvray dans le Morvan. Maintenant, j'hésite puisque la cause de ce choix repose sur l'ambiguïté du mot "Morvan". Je serai aussi bien dans le caveau des Lorrain entre mon grand-père et mon oncle. La question n'est pas d'actualité. Je m'en préoccuperai le moment venu. »

Silence.

Je ne lève pas encore la séance malgré l'opportunité de l'ouverture sur l'avenir que ces derniers propos recèlent. François Mitterrand reprend là où je ne l'attendais pas :

« Je repense à l'épisode de l'Observatoire. C'est drôle que vous ne l'ayez pas remarqué, vous qui entendez et notez toutes les répétitions, mais le prénom de Pesquet, le factieux d'extrême droite qui m'a piégé, c'est Robert ! ! ! François Mauriac, qui m'a tant défendu dans cette affaire, avait connu mon oncle dans le foyer catholique où je suis allé à Paris, en 1934. Il y a perdu un ami cher. Je me demande si, à l'instar de mes parents, il n'avait pas le désir de faire revivre son ami Robert Lorrain. Bien qu'ayant la dent dure avec moi – ne m'a-t-il pas traité de Rastignac ? –, il m'a toujours défendu. Non sans ambiguïté. Un exemple de son ambivalence me revient. J'étais ministre de l'Intérieur dans le cabinet de Mendès France. Des fuites eurent lieu au conseil de la Défense nationale. Une cabale de droite m'accusa de livrer des secrets militaires au parti communiste. Mauriac me défendit ainsi en décembre 1954 : "S'il est non moins innocent que

Dreyfus, il est autrement malin !" Encore un qui me voyait condamné, si mon intelligence me propulsait un jour au pouvoir !

— Ce que vous avez dit aujourd'hui montre à quel point ce n'est pas le cas... »

Silence établi par les deux protagonistes du couple analytique. Reprise de parole par le Président :

« Je pense à quelque chose. Croyez-vous que *Le Canard enchaîné* véhicule l'inconscient collectif ?

— Pourquoi me posez-vous cette question ?

— Vous savez qu'on m'affuble d'un surnom : Tonton. C'est venu d'un de ces impayables noms qu'inventent les gens de la police ou de l'armée pour coder leurs opérations. Les premiers services de sécurité qui se sont occupés de moi pour communiquer entre eux sans être compris des oreilles indiscrètes ont employé "Tonton". Puis le journal satirique a diffusé l'information. Les Français ont suivi, comme s'ils savaient que je réincarnais mon oncle maternel. Quelle affaire ! »

Notes prises à la volée après la séance

Mitterrand a soigneusement évité la Nièvre – c'est-à-dire son père – comme point de chute politique. On n'entend pas beaucoup parler de cet homme, ni de la lignée paternelle.

Mardi 15 juin 1982, 16 heures

Le Président n'est pas là. Vu l'heure, il ne viendra plus. Aucun secrétariat pour décommander ou l'excuser. La sécurité, qui n'avait pas été prévenue, plie bagage. J'entends une porte claquer dans la rue et la voiture du gendarme Donnedieu s'éloigner. Je n'ai pas à me plaindre puisque le silence radio entre le château et mon cabinet a été établi à ma demande. Je m'en inquiète malgré tout. Depuis mon rappel sur la présence simultanée de la voix et du corps dans l'espace de la cure, les séances ont été tenues sans un manque, en dépit de l'emploi du temps effrayant du patient. Comment comprendre le vide qu'il impose aujourd'hui ? Surtout après la séance de la semaine dernière où il a émis une hypothèse stupéfiante. Son arrivée au sommet de l'appareil d'État a convoqué Thanatos à l'Élysée. Depuis le 22 février 1908, un mort attendait l'enveloppe charnelle qui lui permettrait de reprendre son activité, interrompue prématurément par la tuberculose. Depuis le 10 mai 1981, un corps politique est à sa disposition, celui de François Mitterrand. Quand ce dernier a saisi l'objet de son désir politique, la présidence de la République, un autre s'est également emparé des manettes du pouvoir : son oncle mort. Depuis, à quatre mains, l'hybride Mitterrand-Lorrain conduit la politique de la France, relevant les classes laborieuses, leur redonnant dignité humaine, liberté, justice et fraternité.

Je comprends son absence d'aujourd'hui comme une manière de se dégager de l'étreinte mortifère à laquelle le désir de la famille Lorrain l'a condamné. Peut-être laisse-t-il vide son espace analytique pour signifier qu'il n'a plus l'intention d'occuper la place du mort ? Ce qu'il faisait jusqu'à présent, sans le savoir.

Vendredi 18 juin 1982, 15 h 20

François Mitterrand est allongé depuis quelques minutes. Le silence qu'il met entre nous est serein, sa respiration lente.

« N'ayant pas de don particulier pour l'ubiquité, mardi dernier je ne suis pas venu. À la même heure, j'étais attendu à l'hôpital du Val-de-Grâce pour un bilan. Les spécialistes voulaient connaître l'évolution de ma maladie.

— Quels en sont les résultats ?

— Les examens sanguins et radiologiques sont redevenus normaux. Les médecins, prudents, parlent de rémission. Ils affirment que, dans les prochaines années, j'ai une chance sur deux d'avoir une reprise évolutive de la maladie. Moi, je préfère penser que j'ai une chance sur deux d'être guéri. Je sais que je vais mourir... un jour. Mais je n'y crois pas. C'est aussi votre cas, j'imagine ? »

Je ne réponds pas.

« Pour ma part, je me sens très disponible. Physiquement, je me sens plus résistant que lorsque j'avais cinquante ans. J'imagine que je dois vous remercier ?

— De quoi ?

— Pour cette guérison.

— Quand vous êtes venu, je vous ai fait remarquer un point d'une importance primordiale. Lorsque vous parliez cancer, ce n'était pas vous qui vous exprimiez. Le discours de la science sortait par votre bouche. Lorsque vous évoquez la guérison, vous êtes dans la même situation : porte-voix du savoir scientifique. En tant que sujet de l'inconscient, dans toutes ces paroles savantes, vous n'y êtes pas du tout.

— Je suis entièrement d'accord avec vous. La psychanalyse n'est pour rien dans le fait que j'aille mieux. Vous êtes bien placé pour le savoir, les mots ne servent pas à grand-chose dans la vie. En venant vous voir, j'ai mis tous les atouts de mon côté. En vérité, je n'ai jamais vraiment cru à la chose freudienne, que vous mâtinez d'astuce lacanienne. C'est un exercice intéressant. Certes. Mais c'est une construction purement intellectuelle. Sans effet sur le monde.

— Vous affirmez que le verbe n'a pas d'effet sur le quotidien, vous qui êtes engagé dans un véritable travail analytique ? vous qui avez vu votre vie défiler entre les chicanes de la parole ? Entre les mots énoncés par vos ancêtres dans votre culture...

Vendredi 18 juin 1982, 15 h 20

— Une phrase de mon père me revient : "On n'apprend rien par la parole." Cette devise, je l'ai faite mienne. Je vous remercie de l'attention que vous avez portée à mon histoire. Mais, maintenant que je vais mieux, je n'ai aucune raison de continuer à vous voir. On va s'arrêter là, comme vous avez l'habitude de dire.

— Je pense que vous prenez une mauvaise décision. Votre maladie était un prétexte pour votre entrée en analyse. Un leurre nécessaire. Celui-ci disparu, reste à aller plus avant. Reste à vous attaquer à la véritable demande qui est la vôtre. Pourquoi êtes-vous venu occuper cette place : président de la France et des Français ? C'est cette interrogation qu'il vous reste à travailler. Soyez certain que les réponses que vous trouverez à ce qui constitue une énigme vous surprendront à plus d'un titre. L'analyse vous donnera une plus grande liberté d'action dans le domaine que vous occupez. Le politique. Il est capital pour vous de continuer.

— J'ai décidé d'arrêter là et vous n'y changerez rien.

— Vous êtes libre de votre décision. Entrer en analyse, ce n'est pas entrer dans une secte. Vous en sortirez quand bon vous semblera. Sachez néanmoins qu'une cure ne s'arrête pas, elle se termine !

— Je suis flatté par votre sollicitude. Ma décision est irrévocable. Pour le moment. Je prends bonne note de votre proposition. Je suis chef de l'État. J'ai beaucoup de choses à faire. Je suis plus conduit par l'action que par la réflexion sur moi-même. Savoir pourquoi je suis devenu président de la République pourrait être amusant. Si Dieu me prête vie, j'essaierai un jour de le savoir. Pour l'heure, je laisse la place que j'occupe sur votre canapé à d'autres. Vous devez avoir des tas de demandes en attente, non ? »

Je pense que la pause qu'il réclame est justifiée. François Mitterrand fait un pas de côté pour ne plus occuper la place du mort. Il reviendra pour achever ce travail plus tard. Dans les prochains mois, les rencontres à forte charge symbolique ne manqueront pas.

« J'entends le besoin de répit que vous éprouvez. Et je ne m'y oppose pas. Reprenez contact avec moi quand vous le jugerez utile. »

Notes prises à la volée après la séance

Déni d'une partie du travail effectué dans la cure. Phantasme d'éternité.

Mardi 26 juillet 1983, 9 heures

J'effectue le rituel matinal de l'ouverture de la boîte aux lettres. Sous les divers prospectus et factures, une enveloppe à en-tête : « Le Président de la République ». Une fois à mon bureau, je ne l'ouvre pas. Serait-ce encore un de ses cadeaux ? Un dîner officiel à l'Élysée, en compagnie d'une tête couronnée ? Une invitation à l'accompagner dans un voyage d'État avec les commensaux de la Cour ? Jusqu'à présent, l'analyste a toujours refusé ces invitations. Considérant que la cure n'est pas terminée, il n'a rien à gagner à sortir de sa tanière.

À l'intérieur du pli, nulle invitation, mais une missive manuscrite à l'encre bleue. L'écriture est fluide, les lettres bien détachées, le *n* minuscule se confond souvent avec le *u*, ce qui ne gêne en rien la lecture. Le texte ne comporte ni rature, ni faute d'orthographe.

Dimanche 24 juillet 1983.

Cher psychanalyste,

Les 14 et 15 août prochains, le pape Jean-Paul II se rendra en France. Il n'effectuera pas un voyage d'État, mais un pèlerinage à Lourdes. Néanmoins, dès lors qu'il foule le sol de France, le protocole m'oblige à l'accueillir. Je l'attendrai à sa descente d'avion et le recevrai à la préfecture de Tarbes. Karol Wojtyla ira prier dans la cité mariale, parmi les brancards et les fauteuils roulants, cent vingt-cinq ans après les apparitions de la Vierge à Bernadette Soubirous. Cette vierge qu'un concile du ve siècle a appelé Mère de Dieu. Le successeur de Pierre devait honorer la Vierge de Massabielle à l'Assomption 2001, mais l'attentat dans lequel il faillit périr, le 13 mai, en décida autrement. Depuis, en public, le Saint-Père ne se déplace qu'en Papamobile, une Land Rover aux vitres blindées. Sa sécurité reste néanmoins difficile à assurer. Comment concilier piété affective et gardes du corps ? procession aux flambeaux et portiques métalliques ?

Cette visite m'angoisse. C'est stupide, je le sais. Mais il s'agit de ma réalité présente. D'habitude avant les événements, je m'en inquiète, mais quand ils se produisent je les vis facilement. Cette fois-ci, je sens que je ne vais pas faire face. Peut-être ce sentiment anxieux relève-t-il du conflit entre mon gouvernement et l'Église ? Vous savez que le projet Savary prévoit l'intégration de l'école privée dans un grand service publique laïque. Jean-Paul II n'est pas d'accord. Il m'en parlera à coup sûr. Pensez-vous que je redoute d'être réprimandé par la parole suprême, seule autorité de référence de mon enfance ? Ce serait plaisant.

Peut-être mon stress est-il lié à une autre cause ? Laquelle ?

Pourriez-vous me recevoir prochainement afin que nous reprenions nos rendez-vous ?

Pas pour l'éternité, je n'ai pas le temps. Quelques séances me permettraient de comprendre ce qui se passe en moi. J'ai déjà rencontré le Saint-Père. L'année dernière, il m'a reçu en grande pompe au Vatican. J'étais intéressé par ce qu'il me disait sur l'Église conquérante devant sortir de la sphère privée. Sur l'importance de l'enseignement religieux en France. Affectivement, je n'étais pas impliqué. Je gardais la distance nécessaire aux négociations politiques.

Rendez-vous

Je ne suis plus dans cet état d'esprit. Pour moi, à l'évidence, croiser à nouveau le chemin de ce saint homme constitue une épreuve. Redoutable.

Notes prises à la volée après la lecture de ce courrier

Rencontre avec un pape qui a failli être assassiné. Angoisse. Rendez-vous potentiel avec le meurtre d'un père symbolique.

Vendredi 29 juillet 1983, 7 h 20

Avec le retard imposé par son style très personnel, François Mitterrand a repris la pause sur le divan. Je l'ai attendu vingt minutes. Ce qui m'a permis de faire le point. Dans cette cure, interrompue depuis plus d'un an, nous avons passé au tamis psychanalytique une partie importante de sa vie politique et de sa vie d'enfant. En particulier l'existence qui fut la sienne dans la propriété de ses grands-parents maternels, les Lorrain. Il a fait sienne cette évidence : politiquement, il a eu à réincarner un oncle maternel décédé, Robert Lorrain, jeune adulte engagé dans un mouvement politique progressiste, le Sillon. C'est ainsi qu'il s'est amarré à la gauche. À la vie. À la mort.

Je dois préciser, ici, un détail de technique analytique. Je relis rarement les notes que je lance à la volée sur un cahier après chaque séance. Encore moins après une absence prolongée. Elles me servent à pratiquer une coupure théorique entre deux patients. Pour le long terme, je travaille avec mon inconscient, c'est-à-dire avec une mémoire que je ne maîtrise pas.

« Merci de m'avoir donné un nouveau rendez-vous. Excusez-moi pour cette surcharge de travail. Vu l'heure à laquelle vous me recevez, j'imagine que mon créneau horaire n'est plus libre.

— Que vous arrive-t-il ?

— Vous avez lu mon courrier ? Jean-Paul II effectue un pèlerinage à Lourdes le mois prochain. L'arrivée du pape constitue pour moi une épreuve. À l'idée d'aller le saluer, je ne me sens pas très bien. C'est une litote de le dire comme ça. »

Silence.

Le symptôme est étrange, je n'ai aucune piste pour en comprendre le sens, aucune idée pour imaginer comment il s'est créé. Je ne voudrais pas effrayer les postulants potentiels à l'analyse. Par honnêteté intellectuelle, je dois l'avouer : non seulement la psychanalyse révèle des symptômes ignorés de soi, mais elle en fabrique de nouveaux. Plus ou moins sévères. Il est fort probable que sans rencontre avec la *talking cure*, François Mitterrand aurait reçu l'admirateur de la Vierge noire de Czestochowa sans panique aucune. L'avantage de cette création symptomatique *ex nihilo*, c'est qu'elle produit des accélérations inattendues dans l'avancée de la cure.

« De quoi voulez-vous que je vous parle ? Je suis dans le brouillard le plus complet.

Vendredi 29 juillet 1983, 7 h 20

— Croyez-vous en Dieu ?

— Enfant, j'étais croyant. La foi dans mon enfance était très simple, très naturelle, non discutée. Une explication de l'harmonie des choses. Un point de repère entre le bien et le mal. Je priais beaucoup. Sincèrement. Puis, je suis devenu, d'une certaine façon, agnostique. Je ne me suis pas révolté contre mon environnement familial. Cela c'est fait progressivement, un peu pendant la guerre. Plus encore après la mort de mon premier fils. Sans doute par sentiment d'injustice. Agnostique, ce n'est pas celui qui n'y croit pas. C'est celui qui ne sait pas s'il y croit ou pas. Je ne suis pas devenu contre. Je n'ai pas dit : Dieu n'existe pas. J'ai dit : je n'en sais rien. Cela a continué à m'intéresser, pas sous la forme de l'angoisse, mais sous la forme de l'interrogation.

— Laquelle ?

— Je trouve extraordinaire que l'homme connaisse tant de choses de la matière et qu'il ne sache rien sur lui. C'est surprenant cette ignorance complète de l'homme sur lui-même, sur ses origines et son devenir. À moins qu'il ne conclue à un acte physique qui le fasse naître et à un acte qui le fasse mourir ; le reste, c'est le néant, chose qui est tout à fait possible. Sans rien savoir sur la naissance d'une conscience qui est comme un petit éclat de diamant, dans un coin du cerveau, qui fait que l'on juge tout, de tout et de soi-même. C'est quand même un drôle d'événement. Une drôle de révolution. Cela en vaut d'autres. Je ne suis pas devenu pour autant un militant de l'explication du non-être de Dieu. Je n'en sais pas davantage.

— Cette manière de ne pas trancher vous est bien familière. Elle me fait penser au doute que vous éprouviez quant à la nature de la Charente. Fleuve ou rivière ? Vous souvenez-vous d'avoir abordé la manière dont vous découpiez vos vers latins au lieu de trancher le lien à votre mère ? »

La capacité de se souvenir du dire d'un patient énoncé une année auparavant est assez étonnante pour le psychanalyste. Il n'en revient pas, lui qui ploie sous les flots de paroles déposées dans sa psyché. À chaque fois qu'un tel retour de mémoire survient, le psy a l'impression qu'un petit miracle se produit. Par contre, l'analysant n'est, lui, jamais surpris de cette restitution *ad integrum*.

« Si je devais me ranger dans un camp, je serais plus près d'une explication spiritualiste que d'une explication matérialiste. Après tout, il y a aussi suffisamment de théories qui expliquent que l'esprit c'est la matière ; donc tout se rejoint. J'ai tendance à ne pas croire à la loi du hasard et de la nécessité. »

Il prend son cou à deux mains, comme s'il mimait quelqu'un en train de l'étrangler.

« Voilà ! S'il fallait absolument répondre à brûle-pourpoint, deux mains autour de la gorge, je dirais : je crois plutôt... »

Vendredi 29 juillet 1983, 7 h 20

Ma reprise sur le doute, la mère, la coupure – aussi brillante prestation de gymnastique mnésique qu'elle fût – n'a été d'aucun effet sur le patient.

« Pour tout dire, je m'interroge plus sur le monde que sur l'homme. Je trouve que l'homme est un peu prétentieux de penser que tout tourne autour de lui, il n'y a plus que les psychanalystes pour s'occuper de l'homme. »

L'annulation des interrogations métaphysiques qu'il a longuement évoquées nous replonge dans un épais bouillard. Je tente une autre percée, du côté des hommes d'Église, puisque aussi bien Jean-Paul II en est un, et des plus éminents.

« Quels sont vos souvenirs personnels vis-à-vis de la hiérarchie de l'Église ?

— Si j'essaie de respecter un ordre chronologique, il y a eu le curé de la paroisse de Nabinaud avec qui j'ai appris le latin. Je lui dois beaucoup. Ensuite, au collège Saint-Paul d'Angoulême, j'ai été élevé par des curés diocésains, des prêtres séculiers et non des jésuites, comme on l'écrit souvent. C'était beaucoup moins formel que les ordres réguliers et, naturellement, que les jésuites qui sont très versés dans l'enseignement. C'étaient des prêtres qui devenaient curés ou qui étaient curés et devenaient professeurs, souvent des paysans charentais, sans grande technique pédagogique. C'était très familial. Mon professeur d'histoire,

M. Valette, habitait Nercillac, un petit village à côté de Jarnac. Je connaissais sa nièce. Tout ça avait un petit côté province, quoi ! Ensuite, je ne sais pas, moi. Des hommes d'Église, j'en ai beaucoup rencontrés. À ma première évasion du commando 1515, j'étais avec l'abbé Leclerc. Si vous avez bonne mémoire, vous le savez déjà. En me parlant de la rose au poing, blason du parti socialiste que j'ai créé, le cardinal Poupart m'a dit un jour : "Si vous regardez bien, votre emblème ressemble au plan d'une basilique catholique, avec son chœur et sa nef." Je lui ai donné acte de cette ressemblance.

— Et alors ?

— Je ne me suis jamais séparé de ma culture, et j'en use.

— Et alors

— Rien.

— Bien. On va s'arrêter là.

— Dites-moi, vous avez perdu la main. Je suis tout aussi angoissé qu'au début de la séance. Je n'ai pas avancé d'un pouce aujourd'hui.

— Nous ne sommes pas à Lourdes, ici. Je ne fais pas de miracles. Nous en reparlerons. Venez demain matin à la même heure. »

Le Président se lève. S'éloigne lentement du divan. Il s'arrête, se fige, se retourne, revient s'allonger sur le canapé.

Vendredi 29 juillet 1983, 7 h 20

« Je me souviens. Mon père a été brancardier dans les pèlerinages de Lourdes.

— À demain ! À sept heures. Soyez à l'heure ! Vous êtes toujours en retard ! »

Le Président se lève, me regarde droit dans les yeux, un coin de sourire soulève la commissure gauche de ses lèvres, et la réponse fuse :

« Vous avez trop attendu pour être objectif ! »

Il tourne les talons et s'éclipse.

Notes prises à la volée après la séance

Massivité d'une angoisse inhibante. Arrivée tonitruante du père dans l'entourage du souverain pontife.

Samedi 30 juillet 1983, 7 heures

Le Président honore son rendez-vous à l'heure fixée. Vêtu d'un costume d'été anthracite clair, il entre d'un pas rapide et s'allonge précipitamment.

Les patients engagés dans une psychanalyse ne sont jamais étonnés par la permanence du cadre qui leur est offert pendant la durée de leur cure. François Mitterrand ne déroge pas à cette observation : l'immuable est. Et doit le rester. Après un an d'absence, le canapé sur lequel le président s'allonge est recouvert du même velours noir. Le mur qui lui fait face est toujours blanc, aucune œuvre d'art, tableau ou tapisserie ne le décore. Les coussins qui calent son dos comportent le même poids de duvet. Le repose-pieds coïncide avec la zone où reposent ses chaussures. Le plafond, dont la hauteur est fixée arbitrairement à quatre mètres cinquante, n'est pas descendu d'un millimètre. Telles sont les conditions nécessaires pour que les analysants concentrent leurs associations d'idées sur ce qui provient d'eux (leurs souvenirs personnels à la lecture des *Caves du Vatican*, par exemple) et non sur ce qui se passe dans la vie de leur analyste (ses trouvailles dans le dernier vide-grenier qu'il a écumé).

« J'ai réfléchi au discours que je vais tenir au pape le 13 août prochain. Je m'adresse à vous comme je m'adresserai à lui. Le problème de l'enseignement religieux a été amplifié par la droite. Nous avons attaqué les intérêts économiques de la classe dirigeante, alors cette dernière crie au viol des libertés. Elle est de mauvaise foi. Le grand capital, qui possède un formidable appareil de communication, se comporte comme un bélier qui défonce un mur. Les partisans de l'école libre pensent qu'elle est menacée, alors ils rejoignent la droite. C'est injuste, mais c'est comme ça. Les parents, qui ne sont pas spécialement catholiques, souhaitent que leur enfant ait une deuxième chance. Voilà le fond du problème.

— C'est-à-dire ?

— Moi, je ne suis pas un ennemi des libertés. Je les ai élargies, avec la loi Auroux sur la liberté des travailleurs dans l'entreprise dont on mesurera bientôt les retombées concrètes, avec les lois de décentralisation de Gaston Defferre. Les réformes pénales de Badinter sont des lois de liberté, je pense à la suppression définitive du délit d'homosexualité, par exemple. Contre mes propres intérêts, j'ai libéré la radio et la télévision du pouvoir d'État. Bref, dans cette affaire, je suis dénué de complexes. J'expliquerai, de plus, à Karol Wojtyla, que je suis très attentif à ce dossier. Qui m'a été signalé très tôt, dès la fin du mois de mai 1981. Je le surveille comme le lait sur le feu. Il s'agit d'une passion française qui est susceptible d'embraser le pays à tout moment. En avril de l'année dernière, un meeting pour l'école privée a réuni plus de 10 000 personnes à Pantin. Le cardinal Lustiger est intervenu publiquement. Un mois après, le clan laïque a réuni 200 000 personnes au Bourget. Pour ma part, je n'ai pas l'intention de déclencher une nouvelle guerre de religions. J'ai fait engager des négociations secrètes avec les responsables de l'enseignement privé. Depuis août 1982, elles se déroulent chez ma sœur, Geneviève Delachenal, qui est restée très active dans les milieux catholiques. »

Si l'énoncé présidentiel est limpide, son objectif discursif est des plus obscurs. Autrement dit, j'ai beau saisir chacun des mots qu'il prononce, comprendre les phrases qu'il compose, je ne vois pas du tout où il veut en venir.

« Que souhaitez-vous dire à Jean-Paul II en lui tenant ce discours ?

— Qu'il n'y a pas de conflit entre lui et moi. Deux positions s'affrontent. L'Église s'est mis en tête de récupérer plus que la part dont elle dispose dans l'éducation. Le projet Savary est porté par un clan où les laïques sont aussi religieux que les autres. Voilà les causes de l'accès de fièvre.

— Vous l'avez déjà évoqué : les partisans du Sillon, dont faisait partie Robert Lorrain, sont rentrés dans le rang avant d'être excommuniés. Il est peut-être difficile d'être président d'une République laïque quand, catholique, on sait que le chef du Vatican donne le *la*. En d'autres termes, dans un certain registre, la loi, c'est lui qui la fait, pas vous ! Votre angoisse proviendrait-elle de la peur d'un conflit ouvert avec le chef de l'Église catholique ? N'auriez-vous pas fondamentalement peur d'être rejeté si le projet Savary était instauré en France ?

— Quelle peur ? Je n'ai pas peur. Quel conflit ? Il n'y a pas de conflit. Je suis pour la conservation des structures d'enseignement qui ont été les miennes, et celles de mon père ! »

Pour François Mitterrand, la résistance à aborder les conflits inconscients liés à son angoisse actuelle est maximum. Je décide de déployer la technique du roseau. Du roseau pensant, bien sûr. Ployer puisque c'est nécessaire, mais ne pas céder.

« Vous avez dit lors de la dernière séance que votre père avait été brancardier dans les pèlerinages à Lourdes. Parlez-moi de lui.

— Mon père était un homme froid et silencieux qui communiquait peu, mais bien. Il avait une pudeur ombrageuse. Il était très réservé, un peu misanthrope, introverti. Héritant de son caractère, j'ai mis beaucoup d'énergie à me débarrasser de ma timidité. Enfant, j'avais une vie plutôt sensorielle, je contemplais les heures du jour et de la nuit. Je n'ai pas eu de camarades de mon âge. Je ne me mélangeais pas aux enfants des amis de ma famille. Plus tard, je me souviens, à l'oral du bac j'ai été collé. J'étais incapable de dire trois mots, c'était le trou noir, la fuite des idées, de la mémoire. J'étais glacé intérieurement. Par un phénomène de volonté, je me suis discipliné. Mon père est resté un peu le même. Je ne l'ai jamais vu embrasser un de ses enfants autrement que par un baiser effleurant la peau sur la tempe. Formé au collège catholique de Notre-Dame des Aydes à Blois, il lisait couramment le grec et le latin. N'ayant pas de fortune, ce Berrichon qui avait vécu toute son enfance en Sologne a poursuivi la carrière de son père dans les chemins de fer. Au fil de ses promotions successives, il déménageait de gare en gare avec une bibliothèque d'érudit. J'ai, dans mon bureau de l'Élysée, la photocopie d'une de ses fiches de paie, que j'ai fait encadrer. En 1898, homme d'équipe, il gagnait trois francs, avec une prime de temps en temps. Ma mère l'a rencontré à Limoges et ils se sont mariés à Jarnac, en 1906. Dans les dix premières années de leur vie commune, mes parents ont vécu en Bretagne. À ma naissance, pendant la Première Guerre mondiale, mon père fut nommé chef de gare à Angoulême. Je me souviens qu'avec un chien d'arrêt il chassait perdrix, lièvres ou lapins. Des fois, des alouettes. Je l'ai souvent vu à Paris quand j'étais étudiant. On passait des heures à parler. À Jarnac, il ne disait rien. Au fond, sa vie en Charente n'était pas celle qu'il aurait voulue. À vingt ans, il avait rêvé d'être journaliste et écrivain. Après avoir été cheminot, il a repris la vinaigrerie de mon grand-père. Il a fini comme moi : président. Celui du syndicat des fabricants de vinaigre. En fait, cet homme a été annexé au clan Lorrain sur une terre qui n'était pas la sienne. Il l'a payé au prix fort. Ce mutisme...

— Quel est ce prix ?

— Vous savez, il est coûteux pour les hommes de couper leur lien avec la terre, celle qui appartient à la communauté des morts. Nous ne sommes pas si éloignés de l'époque primitive où les fruits du sol restituaient périodiquement aux vivants l'âme de leurs disparus. »

Le patient me donne l'impression de réciter une fiche écrite par un autre. Néanmoins, ce fil biographique nous rapproche de l'objet de sa peur panique. Relançons sur le rendez-vous spirituel qui l'attend, et qui semble, pour lui, si problématique.

« Quel était le rapport de votre père à la religion, à la foi ?

Samedi 30 juillet 1983, 7 heures

— Joseph Mitterrand était profondément chrétien, mais pas du tout prosélyte. Sa fermeté de conviction religieuse se traduisait par son implication dans les œuvres sociales de l'Église, dont faisaient partie les pèlerinages à Lourdes. Une fois l'an, il s'agissait d'accompagner les paralysés qui se déplaçaient en fauteuil roulant ou en chariot jusqu'à la grotte miraculeuse. Une sacrée équipée. Je ne sais pas s'il a assisté à un prodige. L'Église, à ce jour, a reconnu, elle, soixante-cinq miracles. La religion de mon père était simple. Avant chaque repas, il demandait au Seigneur de bénir la nourriture que nous allions prendre, puis il disait : "Amen !"

— Le culte de la Vierge Marie étant célébré à Lourdes, le prénom de votre père étant Joseph, y voyez-vous un indice pour comprendre la source de votre angoisse ? »

Silence...

« C'est assez spécieux la manière dont vous pratiquez. Vous êtes là, silencieux, à m'écouter. Vous me relancez de temps à autre afin de me donner l'impression de ne pas parler aux murs qui m'entourent, et, dans la masse de tout ce que je vous dis, vous choisissez un mot que vous croisez avec un autre. Je me demande si cette technique n'est pas un peu manipulatoire. C'est facile Marie et Joseph comme assemblage. Ces rapprochements ne vous permettent-ils pas, sous couvert d'écoute personnalisée, de me coller sur le dos une grille de lecture unique ? celle que vous plaquez sur le récit de chacun de vos patients ? Vous raflez la mise à tous les coups, avec des règles du jeu pareilles...

— Répondez à ma question au lieu de buter devant l'obstacle symbolique qui est le vôtre. Joseph et Marie dans votre prochaine rencontre avec le successeur de saint Pierre, ça vous évoque quoi ?

— Je ne vois pas à quoi vous faites allusion. »

Silence. De courte durée.

« Ça me fait penser au *Bébête Show*, l'émission de Roucas qui passe le soir avant le journal de 20 heures. La marionnette de Kermitterand, hybride carton-pâte de moi et d'une grenouille accoudée au zinc d'un Café du commerce, ne cesse de dire : "Appelez-moi Dieu !"

— Bien. On va s'arrêter là. Passez demain matin, on y verra plus clair. Disons à 8 h 30.

— Vous travaillez le jour du Seigneur ?

— Bien ! »

Notes prises à la volée après la séance

Brouillard complet. À couper au couteau.

Dimanche 31 juillet 1983, 8 h 30

Je termine mon petit déjeuner. Flotte dans le bureau une odeur de café et de croissants chauds. Miettes de viennoiseries, tasse à moitié consommée, petite cuillère maculée décorent mon secrétaire.

Le Président entre dans la pièce et se dirige vers son espace de travail, le divan, sans se préoccuper du moindre de ces détails. Qui indiquent tous, pourtant, une situation inédite. Je le vois un dimanche matin, pratique exceptionnelle, s'il en est.

Il prend la parole sans s'accorder la moindre pause initiale réflexive :

« J'ai tourné et retourné dans ma tête ce que je vous ai dit hier comme avant-hier. J'ai repensé à ce que j'avais trouvé en moi l'année dernière. Pour le chiffre 15 qui me poursuit, j'ai repéré, sans vous, que Robert mon frère aîné est né en 1915. Ce nombre est l'indice d'une rivalité fraternelle. Ce n'est pas trop compliqué à comprendre, ça. J'ai pensé que mon appréhension actuelle relevait peut-être d'une rivalité directe avec le pape. Dans mon enfance, l'idée d'une carrière ecclésiastique m'avait effleuré l'esprit. Ma famille n'aurait pas été contre mon entrée au séminaire. Bref, en un coin de ma tête, j'aurais construit une rivalité à diriger la communauté des Français, catholiques dans leur grande majorité. Sur le ring de Lourdes, un combat au sommet m'attendrait dont je ne serais pas sûr de sortir vainqueur. Malgré toutes ces avancées dans la compréhension de mon symptôme, ce dernier est toujours présent. S'il persiste avec une telle acuité, je prendrai des anxiolytiques. »

Silence. Que j'interromps :

« Avez-vous fait des rêves cette nuit ?

— Non. Pas de rêves, bien que ma nuit ait été très agitée. Par contre, en me réveillant, je me suis souvenu d'un ancien courrier envoyé à ma cousine Marie-Claire Sarrazin, chez laquelle je m'étais arrêté après ma troisième évasion d'Allemagne. En 1941. Il y a quarante-deux ans de cela. Je ne sais plus si je vous l'ai raconté. J'ai perdu Marie-Louise, ma fiancée, pendant ma captivité. Par là, je ne dis pas qu'elle soit morte. J'étais amoureux d'elle, je ne l'ai pas vue pendant deux ans et demi. Quand on s'est retrouvés, elle était dans un autre état d'esprit. Ce qui ne l'empêchera pas de devenir Catherine Langeais, une speakerine célèbre des années cinquante. Soupirant éconduit, Marie-Claire m'a servi de muse. Vous entendez comme moi ? Dans Marie-Louise, il y a Marie. Dans Marie-Claire, il y a aussi Marie.

Dimanche 31 juillet 1983, 8 h 30

— Je suis d'accord avec vous, mais, à l'époque, ce prénom était un passage presque obligé dans le choix des noms de baptême, même pour les garçons. Je ne suis pas sûr que cela vous avance à grand-chose de relever ces détails. Parlez-moi de la missive dont vous vous êtes souvenu.

— Vous avez raison à propos de Marie. Le prénom est plus que très répandu, c'est mon quatrième. À ma cousine éloignée, j'ai écrit : "Mon grand regret est de ne pouvoir me mêler de toutes choses. J'aimerais que le destin de tous ceux que je rencontre soit une proie où je pourrais faire à ma volonté des incursions. Comment Dieu a-t-il pu créer le monde sans que je sois à l'origine ?" Ne croyez pas que je serais capable de réciter toute la correspondance que je lui ai envoyée. Ce passage m'est revenu en mémoire ce matin. »

Je sursaute mentalement en entendant le récit de ce retour de mémoire. Il est proprement invraisemblable, ce dont je lui fais directement part.

« Que pensez-vous de cette phrase contenue dans votre lettre à Marie-Claire Sarrazin ? »

Je reprends les paroles qui viennent d'être dites, lentement, comme pour mieux les marquer dans un espace de vérité singulier, celui d'une cure présidentielle dans un temps de confrontation douloureux avec le représentant du Créateur premier.

« Vous avez écrit : "Comment Dieu a-t-il pu créer le monde sans que je sois à l'origine ?" Ce n'est pas rien d'écrire des choses comme ça. Maintenant que vous êtes chef de l'État, ces mots résonnent drôlement !

— Je plaisantais. Vous allez me répondre que l'humour est l'expression privilégiée de l'inconscient, vous répétant inutilement. Je le sais. Admettons que ma tendance à être à l'origine du monde fasse corps avec ma personnalité. Elle expliquerait sans doute une partie de mon parcours politique. En particulier, le fait que je ne me sois jamais bien senti dans des organisations politiques déjà constituées. Dans la Résistance, j'ai refusé d'adhérer aux mouvements dirigés par les gaullistes ou les communistes, pour créer, certes avec d'autres, ma propre organisation. Je suis resté sur cette position par la suite. J'ai adhéré à l'Union démocratique et socialiste de la Résistance, l'UDSR, pour mieux en devenir le président. J'ai fondé la Convention des institutions républicaines, puis la Fédération de la gauche démocrate et socialiste. Pour finir, j'ai pris la présidence du parti socialiste, alors que je n'ai jamais été membre de la SFIO.

— À quoi vous sert, d'un point de vue inconscient, ce phantasme qui vous met à l'origine du monde ? Ce n'est pas vous qui vous y mettez, d'ailleurs. Vous n'êtes pas fou. Aussi hallucinants que soient vos propos, ils ne sont pas délirants. De ce point de vue, votre demande épistolaire est claire. Vous faites une requête expresse auprès de Dieu.

— Et alors ?

— C'est à moi de vous demander : "Et alors ?" Le souvenir épistolaire que vous rapportez vous appartient en propre. »

Silence.

« La seule chose qui me vient, là, c'est le credo catholique qui fait de la Vierge une femme admirable. N'a-t-elle pas été jusqu'au bout de la notion de don ? Jusqu'au sacrifice de son fils ?

— Et alors ?

— Si je suis présent dès l'origine du monde, je suis épargné par la persécution. Je ne suis plus le fils de Joseph qu'il s'agirait de sacrifier. Et dans ma future rencontre avec le pape, je n'ai pas à craindre que se rejoue sur la personne de François Mitterrand le scénario originaire du christianisme. »

La pelote du Président, sacrément serrée, se dévide graduellement. Je tire sur le fil, délicatement, pour ne pas le rompre.

« Je ne comprends pas. Concrètement, que craignez-vous lors de vos retrouvailles avec le Saint-Père, sur le tarmac de l'aéroport de Tarbes ?

— J'ai une peur irraisonnée de mourir. Plus précisément, je crains d'être victime d'un attentat. Vous l'ignorez sans doute, mais le jour où Jean-Paul II a été agressé, le 13 mai 1981, c'est le jour anniversaire de la première apparition de la Vierge, toute vêtue de blanc, à trois petits bergers au Portugal, près de Fatima, le 13 mai 1917. N'allez pas croire qu'il s'agit d'un hasard. Je ne suis pas superstitieux, mais les retrouvailles avec la sainte Vierge ne portent pas vraiment chance. Jean-Paul II pense que l'intervention mariale l'a sauvé. Pour ma part, je n'en suis pas sûr.

— Et alors ?

— Tout se passe comme si le sacrifice initial du Christ pour racheter les péchés des hommes avait été insuffisant. Et qu'une force obscure réclamait la tête et le corps des chefs d'État ou d'Église. Holocauste moderne qui permettrait de rejouer la scène originelle. »

Le Président utilise, depuis plusieurs minutes, les grands événements religieux qui ont façonné sa manière d'être au monde. En cela, il est comme chaque analysant. Quelle que soit sa culture, tout patient passe du récit de son histoire personnelle à une verbalisation de sa scène inconsciente, calée sur la structure mythologique de sa civilisation.

François Mitterrand a usé de cet aller-retour entre le collectif christique de la France et son histoire singulière à plusieurs reprises. Je me souviens de l'épisode de l'Observatoire où son attentat manqué correspondait à un phantasme de résurrection christique, si bien commenté par François Mauriac.

Il est temps pour le chef de l'État, dont la fonction relève de la superstructure collective, plus que temps, même, de revenir à l'histoire singulière de François Mitterrand. Je m'autorise une intervention tranchée pour couper le collet papal :

« Vous ne seriez pas aussi angoissé si, dans votre enfance, vous n'aviez pas interprété la piété filiale qui s'organisait autour de votre oncle défunt, Robert Lorrain, celui dont le deuil n'a jamais été fait ni par vos grands-parents, ni par votre mère, comme un impératif. Cet impératif vous prescrivant de prendre la place du mort. Et votre peur d'aujourd'hui relève peut-être d'un doute. Votre père Joseph, qui fut littéralement phagocyté par le clan Lorrain, n'aurait-il pas été le complice du sacrifice programmé par votre branche généalogique maternelle ? Si cette hypothèse a quelque consistance, le pape et Marie, dans l'union spirituelle qu'ils réaliseront au cours de ce pèlerinage, sont, eux aussi, les acolytes potentiels d'un meurtre sacrificiel. Qu'ils auraient l'intention de perpétrer contre votre personne. »

Silence.

Je décide de laisser la durée de ce blanc langagier à la disposition du patient. Et de ne pas l'interrompre. Ni par une scansion. Ni par une relance. Pour ma part, je pense délibérément à autre chose, à mes prochaines vacances sur la côte adriatique pour être précis. Il m'apparaît nécessaire de ne plus cogiter sur le cas du patient. J'en ai dit assez. Attendons les effets éventuels de mon intervention.

Un quart d'heure plus tard, le chef de l'État reprend la parole :

« Je ne sais ce qui s'est passé dans ma tête. Toujours est-il que je ne suis plus angoissé. Présentement, je vais continuer mon travail de président. Merci encore. J'espère que je ne vous ai pas fait manquer la messe de six heures.

— Vous auriez intérêt à poursuivre votre psychanalyse jusqu'à son terme plutôt que de faire des sauts de puce sur le chemin de la connaissance. Vous n'avez pas besoin d'attendre les blocages de votre machinerie présidentielle pour venir me voir. Vous êtes moins ignorant qu'hier, mais toujours plus que demain. »

Le Président se lève, sort de sa sacoche un ouvrage et me le tend. Il me regarde droit dans les yeux. Plaque de la main droite les cheveux en désordre sur son occiput gauche.

« Je savais une chose en venant ici ce matin : ce serait ma dernière séance avec vous. Soit mon oppression disparaissait, et je serais obligé de constater que le travail effectué l'année dernière avec vous ne relevait pas du mirage. Soit ma gêne persistait et, que voulez-vous, j'aurais fait avec. Aussi avais-je préparé à votre attention un cadeau. Tenez. »

Il me tend le livre.

« C'est *Ma part de vérité.* Un opuscule paru à la fin des années soixante-dix. Vous verrez, la partie politique a un peu vieilli. Par contre, j'estime que les pages autobiographiques sont plutôt bien écrites et restent d'actualité. Je vous l'ai dédicacé. »

Je prends l'ouvrage. Et garde le silence.

Le Président hésite dans sa sortie définitive. Il s'arrête, tourne la tête et lance :

« Lisez-le, quand je vous manquerai. »

Notes prises à la volée après la séance

Le Président à l'origine du monde, nouvel Adam ?

Samedi 22 septembre 1984, 23 h 30

Je regarde distraitement le journal télévisé. Mon regard est happé par une image inattendue. Face à un cercueil entouré de deux couronnes mortuaires, sous une pluie battante, François Mitterrand, tête nue, pardessus sombre sur les épaules, donne la main gauche à Helmut Kohl. La voix *off* du journaliste parle de l'ossuaire de Douaumont, à Verdun. Cette image me rappelle la cure inachevée du Président. Cette dernière garde pour moi un goût d'autant plus amer que François Mitterrand n'était pas loin d'apporter des réponses neuves à la question de sa présidence. Pourquoi ce destin-là s'est-il imposé à lui ?

Je me souviens de l'ouvrage qu'il m'a laissé en juillet 1983 et que je n'ai pas ouvert : *Ma part de vérité*. Dans ma bibliothèque, je retrouve son cadeau et lis la dédicace. « À mon très cher psychanalyste. Il trouvera dans cet ouvrage de quoi continuer la cure... Sans moi. »

Je me couche avec l'ouvrage. Comme François Mitterrand me l'avait recommandé, je lis la première partie, très écrite. Je survole la seconde, très datée politiquement. Je surligne un lapsus invraisemblable. Qu'une multitude de commentateurs ont lu sans le voir : « Çà et là, leurs filles épousaient des fils de petite noblesse ou bien des paysans des environs. Ce qui explique qu'il y ait beaucoup de Mitterrand en Berry. » Mentalement, je mets cette perle de côté pour une prochaine séance. Je souligne un autre passage, lui aussi très étonnant : « Il faut dire qu'il est difficile aux Berrichons de réussir en politique. Eux qui sont Français d'avant la France n'ont pas assez d'une vie pour prouver qu'ils ne le sont pas moins que les derniers venus. Ah ! Soyez lorrain ! N'est-ce pas, Barrès ? On vous fera prince. Prince lorrain, évidemment. Naître à quelques lieues de la ligne bleue des Vosges vous dispensera d'avancer la preuve que vous n'avez pas vendu de secrets militaires. Vous serez photographié aux réceptions du *Figaro*. Un brin de plume vous enverra à l'Institut avec dix ans d'avance. » Tous ces indices, laissés en jachère depuis des années. Sans personne pour relever la lourde insistance sur le mot « Lorrain », qui constitue pourtant un leitmotiv majeur dans la symphonie mitterrandienne. Pourquoi n'avais-je pas ouvert le livre offert par mon patient l'été dernier ? Par quelle paresse intellectuelle ? Il est nécessaire de le redire, la résistance est plus à l'œuvre chez l'analyste que chez son patient. Le cadeau n'en était pas un.

Samedi 22 septembre 1984, 23 h 30

Malgré le discours où le Président manifestait son souhait de s'en tenir définitivement là, François Mitterrand demandait avec insistance de continuer sa psychanalyse. Je réparerai ma bourde, dès demain.

En l'invitant à revenir.

Dimanche 23 septembre 1984, 9 h 30

Vais-je lui écrire ? ou lui téléphoner ? Si je lui envoie un courrier, la confidentialité de nos rendez-vous sera rompue. Le secrétariat lira le contenu de mon message, ce qui n'est guère souhaitable. Plus ennuyeux, un prochain jour, le courrier sera envoyé aux archives nationales. Il prouvera alors pour l'Histoire la nature précise de nos rencontres. Telles sont les raisons pour lesquelles je décide d'en passer par la voie téléphonique. Je compose le 42 92 81 00. Ce n'est pas la ligne directe de son secrétariat, qui ne répondra pas en ce jour chômé, mais celle du standard. Une voix aussi phonogénique que celle diffusée dans les aéroports me répond :

« Palais de l'Élysée, bonjour.

— Bonjour, Monsieur. Je voudrai parler au président Mitterrand.

— Il est impossible de joindre le Président en passant par le standard. Téléphonez demain matin, vous joindrez son secrétariat.

— Il m'est impossible d'attendre. C'est extrêmement urgent.

— Qui dois-je annoncer ?

— L'homme avec lequel il n'a pas terminé ses rendez-vous.

— Pourriez-vous me donner votre nom ?

— Non, c'est confidentiel. Passez-lui le message. Vous verrez, il prendra mon appel. »

Une petite musique s'installe sur la ligne. Un court silence, et rapidement une voix :

« François Mitterrand à l'appareil.

— Bonjour, Monsieur le Président.

— Que puis-je pour vous ?

— Je vous ai vu hier à Verdun. Non. Pas à Verdun, à la télévision. Le journal télé retransmettait votre poignée de main avec le chancelier Kohl. J'ai couplé cette image avec votre livre, *Ma part de vérité*, que j'ai relu dans la nuit. Il est indispensable que nous reprenions nos rendez-vous.

— Comme vous y allez !

— J'insiste. Votre paysage inconscient s'en retrouvera remanié comme vous ne l'imaginez pas.

— Je n'ai pas mon agenda de la semaine, rappelez lundi.

— Venez ce soir.

— Ce soir ? Mais je serai en famille !

— Passez avant le dîner, disons à 19 heures.

Dimanche 23 septembre 1984, 9 h 30

— Bon, mais c'est vraiment pour vous faire plaisir. S'il ne tenait qu'à moi... »

Dimanche 23 septembre 1984, 19 h 15

Dehors règne un temps de chien. Le vent balaie les branches du marronnier centenaire. La pluie martèle le toit en zinc des dépendances de la cour. Un ingénieur du son enregistrant le bruit ambiant conclurait que nous sommes sous les toits de l'immeuble. Il n'en est rien. Nous sommes au premier étage, dans le cabinet d'analyste où François Mitterrand a dépassé tant de fausses évidences. Le même ingénieur du son enregistrerait les propos d'un chef d'État en train de rendre compte de l'actualité immédiate. Il n'en est rien, aucun micro n'est disposé dans cette enceinte. Les services de sécurité continuent leur travail de routine. Nos rendez-vous restent protégés. Une caméra montrerait un dispositif scénique inchangé. Une vaste pièce dans laquelle se trouvent deux personnes. L'une allongée, le dos bien calé par des coussins. L'autre assise derrière la tête de la précédente personne.

« À Verdun, j'ai été pris dans de la matière historique à laquelle sont sensibles des millions de nos contemporains. En compagnie d'Helmut Kohl, nous avons visité des cimetières français et allemands. Ce qui était diffus dans cette journée s'est, tout d'un coup, cristallisé. Notre poignée de main a été spontanée. Elle indiquait notre disposition d'esprit à signifier au maximum. Ce même geste ailleurs, dans une autre circonstance, n'aurait eu aucune portée. Ici, des jeunes s'étaient battus, chacun pour leur patrie. Résultat : des centaines de milliers de morts. Ces événements historiques d'une importance capitale nous marquent encore. Dans un cas, la guerre de 1914-1918, pour être précis les années 1916-1917. Cela paraît très ancien, pourtant cette hémorragie démographique a marqué toute l'histoire de notre pays. Elle a provoqué également des éléments positifs. Regardez la peinture, on cherche d'autres formes. Lisez la littérature de l'époque, on décompose la phrase, le mot. Et le drame a recommencé vingt ans plus tard, sur les mêmes lieux. Pour ceux qui l'ont vécu, cela représente une charge émotionnelle exceptionnelle. Je suis né pendant que se déroulait la bataille de Verdun dans l'autre guerre. Et j'ai été soldat dans ces lieux à mon tour. Je pouvais la ressentir mieux que d'autres.

— Oui ?

— Mes gestes en tant que président de la République atteignent plus aisément mes concitoyens que si j'étais un simple particulier. En tout cas, ceux qui éprouvent les mêmes sensations que moi, qui ont les mêmes espérances, parfois les mêmes rêves, ou ceux qui ont connu la même histoire, vécu les mêmes drames. Ce que j'exprime en leur nom résonne dans le plus secret d'eux-mêmes. Un juste symbole, comme un bon poème, va loin dans les consciences. »

Brutalement, mon esprit charrie un flot lorrain. Lorrain le grand-père maternel du patient. Jeanne d'Arc la Lorraine magnifiée dans *La Colline inspirée* de Barrès qu'il m'offrit. Le nationalisme de sa famille saintongeaise, à la mode Déroulède-Ligue-des-patriotes pour guérir la France de l'amputation de sa province alsacienne et d'une partie de la Lorraine. La France menacée de ruine face à l'entêtement des ouvriers lorrains. La croix de Lorraine du général de Gaulle, rivale de la vraie croix du Christ. La réincarnation mortifère de Robert Lorrain au moment de la prise du pouvoir présidentiel.

Lorrain et son complément féminin Lorraine dansent une sarabande dans ma tête, indépendante de toute connexion à une réalité tangible. Aussi désarticulé que dans le film *Masculin-féminin* de Godard. Comme si les deux marqueurs du genre grammatical français avaient pris leur autonomie pour jouer avec la racine « Lorrain ». François Mitterrand a grandement déblayé cette partie de son champ inconscient. Pourtant, « Lorrain » n'a pas dit son dernier mot. Il revient, insistant, infiltre non seulement les propos quotidiens de François Mitterrand, mais fait aussi retour dans les actes majeurs du septennat, comme cette poignée de main avec le chancelier allemand l'indique de manière fracassante. Une nouvelle relance des significations et des implications inconscientes du roc sonore « lorrain » m'apparaît donc nécessaire. Elle devrait nous permettre d'atteindre un autre plateau, de déboucher sur un nouveau paysage.

« J'ai l'impression qu'à Verdun votre poignée de main avec le chancelier allemand avait une double signification. Politique et historique, tout d'abord. Vous incarnez avec Kohl – dont le grand-père combattit lui aussi à Verdun – une réconciliation entre nos deux nations. Si je vous ai demandé de venir en parler aujourd'hui, c'est pour la seconde raison. Vous avez été fait prisonnier en Lorraine. C'est de ce même lieu que vous vous êtes évadé... »

Le Président me coupe la parole :

« C'est exact, c'était bien en Lorraine. Il y a quelques temps, j'ai revu Marie Baron, la jeune femme qui m'avait caché dans le placard d'un bar tabac. Elle m'a rappelé ce que je lui ai dit quand je l'ai quitté : "Les Lorraines sont merveilleuses." »

Le propos a beau apporter de l'eau à mon moulin psychanalytique, je décide de continuer mon intervention comme si le Président ne m'avait rien dit :

« Ce faisant, vous, le petit-fils Lorrain, avec votre poignée de main, vous tentez de vous réconcilier avec ce mot “lorrain” qui, d’une certaine façon, vous emprisonne.

— En quoi ? »

Je lui tends *Ma part de vérité.*

« Pourriez-vous relire le passage que j’ai souligné ? »

L’ouvrage est ouvert sur l’extrait qui m’a tant frappé hier soir. Celui qui stipule combien il est ardu aux Berrichons de réussir en politique. Qu’il leur est difficile de prouver leur état de Français. Et, en ce domaine, à l’instar de Barrès, combien être lorrain facilite la vie d’un homme politique qui aspire aux plus hautes ambitions nationales.

Le Président conserve l’ouvrage ouvert sur son ventre. L’opuscule se soulève au même rythme que sa respiration, paisible.

« Oui, je me souviens d’avoir écrit ce passage. Que dois-je en conclure ? »

Je réponds indirectement :

« D’où vient le nom de naissance de votre mère, Lorrain ?

— Il n’est pas utile de se plonger dans des études onomastiques complexes pour le savoir. Être lorrain, c’est venir de Lorraine. Dans le cas de mon grand-père maternel, il suffit de remonter les générations. J’ai cru un certain temps que mes ancêtres éloignés venaient du même village que le peintre Claude Gellée dit le

Lorrain, qui est né dans le bourg de Chamagne, à côté de Toul, au début du XVIIe siècle. En fait, François Lorrain, mon quadrisaïeul, est né le 27 décembre 1757 à Rosières-sur-Mance, à côté de Vesoul. Il a quitté la ligne bleue des Vosges comme soldat. Démobilisé en Charente, il a épousé une fille de Cognac. Voilà comment mes "Lorrain" se trouvent être saintongeais. Je pense en particulier à Beaupré Lorrain, le père de mon grand-père Jules Lorrain. Mon arrière-grand-père était un ami de Burgaud des Marets. Ce dernier, traducteur d'Adam Mickiewicz, écrivait également des fables en patois. Il acheta aux héritiers du pasteur de Jarnac la maison du 22, rue Abel-Guy, celle où je suis né. Vous voyez, il n'y a aucun mystère généalogique à éclairer. De très loin, ma famille maternelle a eu quelques biens, un ancrage régional, une culture nationale et européenne. »

Je suis d'accord avec cette dernière réflexion. La machine présidentielle a déjà remonté le temps. Les chemins généalogiques ont été explorés sur des générations. Des généalogistes professionnels ont épluché les états civils paroissiaux et municipaux, les registres des armées, des entreprises publiques ou privées. Bref, le Président connaît ses filiations ascendantes.

Ce savoir scolaire ou universitaire ne lui sert, bien sûr, à rien du point de vue de l'inconscient. Aussi, je ne crois pas utile de nous perdre dans ces méandres dynastiques, ni de remonter jusqu'à Adam et Ève en paradis. Il me paraît par contre indispensable de pointer les répétitions qui font sens dans l'histoire particulière de François Mitterrand. À ce titre, François, le prénom de l'ancêtre né dans la région lorraine, cette terre si sujette à partition, à division, depuis le Moyen Âge, est d'un intérêt unique.

« François Lorrain, à part cet ancêtre dont vous venez de parler, qu'est-ce que cela vous évoque d'autre ? »

Le silence s'établit quelques minutes. Il est rompu par le Président :

« Cela me rappelle mon ami Claude Roy, Charentais né à Paris, qui était pensionnaire avec moi au collège Saint-Paul d'Angoulême. Je crois que je vous l'ai déjà raconté. C'est avec lui que j'ai découvert la littérature moderne, dans les années trente. Lui était à l'Action française, dans le milieu de la revue *Combat*. En 1939, il m'a entraîné chez le comte de Paris, qui séjournait à Bruxelles. Mon ami a eu le même cursus que moi. Prisonnier, évadé, et résistant. Je me souviens qu'à Nice, en zone non occupée, il dirigeait une émission littéraire sur la radio nationale. Il m'a proposé d'intervenir pour parler des prisonniers. Je m'y suis exprimé quelques semaines, sous le pseudonyme de François Lorrain. C'était en mars-avril 1942. »

Le Président vient de lancer une passerelle. Je l'encourage à l'emprunter :

« Se cacher sous le nom de François Lorrain n'est pas innocent.

— Vous avez raison. Tout se passe comme si, bien avant l'heure de vérité présidentielle, j'avais tenté d'accéder au désir de mes grands-parents maternels, relayé par celui de ma mère. Prolonger la lignée des Lorrain non seulement en m'identifiant à mon oncle maternel, Robert Lorrain, mais également en portant leur nom. L'espace de quelques émissions radiophoniques, moi, François Lorrain, je l'ai réalisé.

— Ce qui relève de l'exploit...

— De l'exploit impossible. Ma mère n'avait pas la possibilité de me transmettre son nom de naissance. Je ne pouvais pas être à la fois Lorrain par ma mère et Mitterrand par mon père. Et pourtant, je m'en rends compte, j'ai tenté de concilier cet inconciliable.

— Vous touchez là un point capital de votre être.

— Vous voulez parler de l'énergie que je dissipe à additionner les contraires, droite et gauche ? à réconcilier les ennemis de toujours, capitalisme et socialisme ? à faire vivre ensemble ce qui s'exclut, vérité et mensonge ? à garder mes amis, même s'ils ont été jetés en prison ? »

François Mitterrand vient de franchir un pas considérable dans la compréhension de son destin. Plus précisément dans la compréhension des contraintes qui l'ont façonné. Il lui reste à saisir en quoi cette dictature de l'impossible, imposée par les Lorrain, l'a conduit à occuper la place de président de la République.

Dimanche 23 septembre 1984, 19 h 15

Est venu le moment de le confronter au lapsus qu'il a commis en livrant au grand public les commentaires sur la lignée des Mitterrand.

« Pourriez-vous me rendre *Ma part de vérité.*

— Vous voulez dire la mienne, pas la vôtre. »

Par un mouvement de translation latéral du bras droit, il me tend ce livre, si bien nommé. Je m'en saisis, l'ouvre à la première page afin de retrouver la phrase dont le mystère devrait bientôt s'éclairer. Je lui tends à nouveau l'ouvrage.

« Pourriez-vous lire à voix haute ce qui est surligné en jaune ?

— Vous n'êtes pas très respectueux des livres. Moi, je le suis beaucoup plus...

— Lisez, s'il vous plaît.

— "Ceux de mes ancêtres dont je porte le nom étaient bourgeois de Bourges. Notre généalogie, peut-être complaisante, prétend les suivre à la trace jusqu'aux brouillards du Moyen Âge. Ces Français de pleine terre n'étaient pas de juste milieu. Çà et là, leurs filles épousaient des fils de petite noblesse ou bien des paysans des environs. Ce qui explique qu'il y ait beaucoup de Mitterrand en Berry." »

Le Président cesse de lire, referme le livre. Il le pose sur le sol et continue à parler :

« Le nom des Mitterrand a deux étymologies possibles. La plus probable provient d'un nom berrichon qui désignait la modeste profession de mesureur de grains. L'autre signifierait "milieu des terres". »

J'interromps le Président qui n'a pas relevé le lapsus par lui écrit plus de quinze ans auparavant :

« Existait-il une descendance matrilinéaire dans le Berry du haut Moyen Âge ?

— Je ne comprends pas ce que vous dites.

— Vous avez écrit que les Mitterrand ont marié leurs filles à des garçons et que c'est pour cela qu'il y a beaucoup de Mitterrand en Berry.

— J'ai écrit ça, moi ? »

François Mitterrand se tourne sur le côté, reprend son livre et parcourt du regard le texte en question.

« Je voulais dire que l'on rencontre ce nom dans une petite zone géographique. Dans le Berry surtout, à Bourges, Saint-Amand-Montrond, à Sancerre. On en trouve aussi dans l'Indre, à Châteauroux, à La Châtre, bon. Si vous rencontrez des Mitterrand à Paris, ils vous expliqueront vite que leur grand-père ou même leur père venait de Bourges. Tous ceux que j'ai connus étaient dans ce cas-là. Henri Mitterand, le meilleur spécialiste actuel de Zola. L'ancien grand maître du Grand Orient de France, Jacques Mitterrand, venait de Bourges comme mon père. Nous ne sommes pourtant pas apparentés. Cette densité patronymique s'explique. Ces gens ont peu voyagé à travers les siècles.

— Mais ce que vous avez écrit... »

Dimanche 23 septembre 1984, 19 h 15

Mon patient m'interrompt brutalement, comme en colère :

« Bien sûr, ce sont les garçons qui portaient le nom. Dans ma famille directe, il n'y avait presque plus de Mitterrand. Dans la génération de mon père, c'était le seul garçon, il avait deux sœurs, Adrienne et Marie, qui n'ont pas eu d'enfants. Je crois que son propre père, Théodose Mitterrand, devait être lui-même non pas fils unique, mais le seul à pouvoir transmettre le nom. Il était veuf quand il a terminé sa carrière comme chef de district dans les chemins de fer. Il s'est installé à Jarnac, à deux pas de chez nous, pour retrouver son fils et sa nombreuse descendance. J'avais trois ans quand il est décédé, je l'ai donc très peu connu. Dans la génération d'avant, j'ai retrouvé par hasard la trace de Charles Mitterrand, qui était employé au canal du Berry. Lui aussi est né et mort à Bourges. Bref, si un Mitterrand avait épousé une Chinoise, cela se serait vu. »

Le Président refuse de prendre au pied de la lettre ce qu'il a inscrit dans ses *Fragments d'une autobiographie politique*. Les méandres pris par l'inconscient sont incontournables. Je laisse le débit langagier de mon patient débiter ce qu'il entend débiter :

« Au-dessus du lit de mon père était accrochée la photo de ma grand-mère paternelle. Le père de cette dernière était cousin de Léon Faucher, ministre de l'Intérieur dans les années 1850. Pétronille Zelma Laroche est morte en 1897. Son fils, mon père donc, avait alors dans les vingt ans. Le silence permanent de mon père masquait peut-être un deuil ? celui de sa propre mère ? Quoi qu'il en soit, il est trop tard pour que je lui pose la question. »

Je vis aujourd'hui un moment solennel. Je dirige l'une des toutes dernières séances du Président. Même si son retour sur le divan répondait à sa demande implicite, force est de constater que je l'ai tiré par la manche pour qu'il revienne s'allonger. Aussi me paraît-il urgent d'orienter sa recherche analytique vers la cause de son désir politique.

« Au début de la séance, vous avez dit que, juste avant la guerre, vous avez rencontré le comte de Paris, héritier du trône de France, qu'avez-vous pensé de cet homme ?

— Je ne me souviens plus très bien. J'ai trouvé qu'il avait le prestige de sa lignée. »

Je laisse le silence qui s'installe se prolonger quelques minutes. Puis je relance le patient :

« Oui ?

— Je me souviens que mon grand-père maternel avait étudié avec précision la généalogie de sa femme, qui était née Fabre. Il prétendait que ma grand-mère descendait d'un certain marquis de Barbezières qui se trouvait être un lointain aïeul de la reine Victoria par un autre de ses enfants. Le destin d'une descendante de ce Barbezières, Éléonore Desmier d'Olbreuse, paysanne charentaise, l'avait conduite à la cour du duc de Brunswick-Zeller. Ce dernier l'avait épousée secrètement. De cette union est issue Sophie-Dorothée, l'épouse de Brunswick-Hanovre, roi d'Angleterre sous le nom de George Ier, ancêtre de la dynastie britannique.

— Oui ?

— Cette manie de mon grand-père Lorrain a peut-être déteint sur la manie qui a été la mienne. Me poser de manière souveraine à l'origine des partis auxquels j'ai appartenu. »

Silence.

Je laisse les associations libres de mon patient dériver vers des objets inconnus de nous.

« Je ne sais pas pourquoi *L'Étranger* de Camus me vient à l'esprit. C'est amusant. J'ai bien connu Albert Camus. Ce dernier faisait partie du groupe qui se retrouvait autour de Georges Dayan, celui qui fut un de mes meilleurs amis. Je vous en parlerai un jour plus longuement. Pour le moment, je ne voudrais pas perdre le fil de ce qui m'est venu.

— Dites.

— Je n'avais jamais remarqué un détail de ce chef-d'œuvre. Avez-vous en mémoire le nom du héros principal de ce roman ?

— De qui parlez-vous ?

— De celui qui assassine un Arabe sur une plage sans même s'en rendre compte. Celui qui exprime si peu de sentiments dans sa vie amoureuse. Celui à qui le décès de sa mère n'arrache aucune larme, aucune peine. Je pense à Meursault ! Et comment va mourir cet assassin malgré lui ? Il meurt sot. Son nom de famille le désigne dans sa fonction. À ce point-là, c'est fou. J'y pense, les ministres que j'ai choisis au début de mon septennat semblent conditionnés par leur patronyme. Comme des papillons qu'un collectionneur aurait épinglés sur un carton liège gouvernemental. Pas tous. Mais un certain nombre. Delors était aux Finances. Cresson à l'Agriculture. Lang au ministère de la Parole. Defferre à l'Intérieur. »

Je l'interromps dans ce jeu d'assonances par trop aisé :

« Il est facile de voir la paille dans le nom de son voisin sans voir le grain qui est dans le sien. Quels liens établissez-vous entre votre nom et votre fonction ? Qu'entendez-vous entre la manière dont on vous appelle depuis toujours et votre place politique actuelle ?

— Charles de Gaulle, c'est évident. Pierre Mendès France, coule de source. Leurs noms renvoient d'une façon ou d'une autre à la manière dont on nomme notre pays. François Mitterrand, je ne vois pas. J'échappe sans doute à la règle commune !

— Insistez dans votre recherche !

— Croyant me discréditer, certains ont joué avec “mythe errant”. C'est un jeu de mots stupide qui ne mène nulle part. »

Dimanche 23 septembre 1984, 19 h 15

Silence.

« Il me vient une idée. Dans François, il y a une injonction. Sois franc ! »

J'interromps cette série d'associations, qui joue trop directement avec les assonances et qui ne le mènera nulle part :

« Avec ça, on ne va pas très loin.

— Pourquoi ?

— Quand un homme politique se trouve au sommet de la pyramide d'État, la franchise confine à la niaiserie. »

Silence. Le Président reprend la parole après une pause de quelques secondes :

« Je me souviens d'avoir écrit une plaisanterie dans *L'Abeille et l'Architecte*. Je vous la cite de mémoire : "On a calomnié Ève, cette innocente du savoir. Si c'était à refaire, je mordrais dans la pomme." Amusant, non ?

— Ce n'est pas la première fois que vous évoquez le paradis originel. Vous avez déjà postulé pour occuper la place d'Adam. C'était, si j'ai bonne mémoire, dans un courrier à Marie-Claire, l'une de vos cousines lointaines. Maintenant, vous voilà Ève, réclamant le droit de croquer la pomme, prétendant à la transgression. Pourquoi ?

— J'ai l'impression que c'est à moi et à personne d'autre qu'est revenue l'obligation de restaurer de l'ordre dans un grand désordre. Un désordre familial et généalogique. Avec le devoir de tenir deux places en même temps. Celles du masculin et du féminin. De l'homme et de la femme. Mes plaisanteries sur l'origine du monde l'attestent. Sur le mode parodique, je suis à la fois Adam et Ève. L'erreur que vous avez pointée dans *Ma part de vérité* sur la filiation des Mitterrand qui se serait faite par les femmes relève de la même topologie. Le nom des Mitterrand se transmet par les hommes, bien sûr. Cependant, mon *lapsus linguae* indique également un autre désir personnel. Que ce nom soit transmis par moi, en tant que femme ! Freud a affirmé que la bisexualité psychique concernait tout un chacun. Pourquoi pas moi ? »

Le Président marque une pause avec de profonds mouvements inspiratoires.

« Et alors ?

— Comment ça, et alors ?

— Vous n'entendez pas ? Vous êtes sourd. Ça crève les tympans pourtant ! Dans l'injonction contenue dans mon prénom, il y a deux versions, l'une masculine, l'autre féminine ! ! !

— C'est-à-dire ?

— La version masculine me donne un ordre : sois Franc ! Par rapport à ce que je vous ai dit tout à l'heure, il y a quelque chose de radicalement différent. Je vous parle cette fois de Franc, avec une majuscule. Distinction d'importance. Avec la majuscule, ce n'est plus de franchise dont il est question. Il s'agit pour moi d'incarner notre pays depuis les temps reculés du royaume franc ! »

Impatient de savoir où il veut en venir, je le coupe :

« Et l'autre version, la féminine, que vous ordonne-t-elle ?

— D'incarner le présent !

— C'est-à-dire ?

— La version féminine exige une seule chose de moi : sois France ! »

Silence.

Il serait possible de s'en tenir à la pureté de cette évidence. L'injonction à tenir les deux bouts du genre grammatical a été déterminante dans le destin présidentiel de François Mitterrand. Néanmoins, je préfère ne pas conclure trop rapidement la séance et lui laisse encore un peu de temps. Le Président reprend la parole sans trop tarder :

« J'y pense. Je me demande si je n'ai pas transmis à ma fille le devoir qui a été le mien. Celui d'occuper les places du masculin et du féminin.

— Comment cela ?

— Mazarine, c'est le féminin de Mazarin.

— Et alors ?

— Elle s'en débrouillera ! Aussi bien que moi ? Je ne sais pas. Elle aura à jouer sa partie.

— Bien. On va s'arrêter là. »

Notes prises à la volée après la séance

L'essentiel a été dit.

Lundi 21 décembre 1987, 8 h 30

Un motard de la garde républicaine me remet un courrier du Président.

Dimanche 20 décembre 1987.

Cher psychanalyste,

Vous serez sans doute content de connaître des événements à venir que les autres ignorent. Puisque vous êtes une tombe (vous savez combien je les aime, les tombes), j'en profite.

Mon mandat présidentiel vient à échéance dans cinq mois. Bien que mes certitudes soient faites de beaucoup de doutes, je n'ai pas eu à réfléchir très longtemps pour décider de me représenter à la prochaine élection présidentielle. Quand je dis me représenter, c'est une façon de parler. J'y suis. J'y suis. Comme ils incarnent des fictions d'éternité, en dehors des révolutions, les monarques, fussent-ils républicains, n'ont aucune raison de sortir de scène. Sauf de manière définitive.

Je n'en suis pas là.

Dès ma réélection, j'en ferai la preuve. Mitterrand II aura les mêmes traits que Mitterrand Ier. Je garderai comme effigie de la République la photo qui a été prise en 1981 par Gisèle Freund. Qui prétendra qu'un président vieillit ?

Le plus difficile a été de convaincre Michel Rocard de ne pas y aller. Il pensait qu'au premier tour, avec deux candidats à gauche, nous occuperions plus de terrain électoral. Dans ces conditions, le second tour était supposé m'être plus favorable. Je lui ai dit : « Deux candidats socialistes, c'est un de trop. » Il ne voulait pas en démordre. L'ancien créateur du PSU souhaitait connaître les plaisirs d'une nouvelle campagne présidentielle. Je l'ai convaincu avec deux arguments. Le premier, chiffré, lui a rappelé le score qu'il avait obtenu en 1969 : 3,6 %. Avec le second, je l'ai amadoué, lui promettant le poste de Premier ministre. N'ayant aucune chance de me battre, il a accepté l'arrangement. Il n'avait pas le choix. Soit mon ancien ministre de l'Agriculture acceptait pour être Premier ministre. Soit il refusait, et il n'avait ni l'Élysée ni Matignon.

Je ne suis plus à une cohabitation près. Celle-ci sera moins compliquée que celle que j'ai vécue avec Jacques Chirac. Et moins bruyante. Quand je reçois le maire de Paris dans mon bureau, bzz..., j'ai l'impression d'avoir affaire à un bourdon qui essaye de sortir de la pièce par une fenêtre fermée.

Ce n'est pas seulement pour vous informer de ces quelques scoops que je prends la plume. Même si la campagne électorale à venir s'apparente à une promenade de santé, il est nécessaire d'avoir un programme. En 1981, il était commun. En 1988, il sera minimum. Dans le domaine économique, Lionel Jospin m'a fait une suggestion. Il pense nécessaire d'arrêter les privatisations initiées par Chirac. Sans recommencer pour autant à nationaliser à tout crin. Je partage son analyse. Il propose un slogan pour ce nouvel équilibre politique : le ni-ni. Autrement dit, ni privatisation, ni nationalisation.

J'ai bien sûr accepté cette expression. La force tranquille était un peu fatiguée, non ?

Seuls vous et moi savons pourquoi j'ai bondi sur cette idée. Cela n'a rien à voir avec l'indécision, ou je ne sais trop quelle ambivalence que me prête Laurent Fabius. Encore moins avec un immobilisme de vieillard timoré que mes ennemis de toujours pointeront du doigt.

Non, c'est un pur plaisir sentimental. Une gourmandise sonore.

Pendant mon second septennat, grâce à la caisse de résonance médiatique, Ninie, le prénom de ma grand-mère maternelle, va sonner aux oreilles de tous les Français. Inespéré, non ? Pour elle. Et pour moi.

Comme quoi la psychanalyse et la politique ne sont pas seulement des pensums.

Très cordialement,
François Mitterrand.

Mardi 30 juin 1992

Je reçois un courrier par la poste. Le papier est à en-tête du Président.

Vendredi 26 juin 1992.

Cher psychanalyste,

Je tenais à vous donner de mes nouvelles. Elles ne sont pas très bonnes.

Ma maladie a repris son évolution. Un de ces très prochains jours, je devrai être opéré. Ce qui ne me tente guère. Gubler et Steg me pressent. Vous imaginez combien je repousse cette date fatidique. Parce que l'on s'illusionne beaucoup sur soi-même, je compte sur les médecins pour me faire savoir le moment où je serai vraiment hors d'état d'exercer ma fonction. Le cas échéant, il va s'en dire. Je n'en suis pas là. Mieux, je viens de vivre un épisode politique qui m'a donné un tonus physique et intellectuel que je n'avais pas éprouvé depuis longtemps.

Ainsi côté cancer, vous n'avez pas fait de miracle. Je vous l'accorde, ce n'était pas de votre ressort. Par contre, au niveau inconscient, j'attendais que nos rendez-vous introduisent quelques réaménagements. Or, je me retrouve plutôt dans la répétition. Jugez-en.

La guerre en ex-Yougoslavie se poursuit. Bernard-Henri Lévy m'a délivré un message du président Alija Izetbegovic. Sarajevo, sous le feu des snipers et des bombardements serbes, est cerné. Le président de la Bosnie-Herzégovine décrit la ville comme un nouveau ghetto de Varsovie et me demande une aide urgente.

Vendredi dernier, le Conseil européen avait à prendre des mesures pour que cesse le blocus de l'aéroport. Ce qu'il n'a pas fait. À Porto, l'immobilisme de l'Europe a exacerbé mon impatience. Je savais que si Sarajevo tombait, l'évolution politique de l'Europe serait bloquée pour des années. J'ai décidé de forcer le blocus de la capitale de la Bosnie-Herzégovine. En compagnie de Bernard Kouchner, qui avait relayé l'appel d'Izetbegovic, le samedi 27 juin nous avons embarqué dans un Falcon. Azoulay, mon photographe attitré dans *Paris Match*, était de la partie. La piste de Sarajevo étant sous le feu des Serbes, l'avion s'est posé à Split. La ville martyre a été atteinte le lendemain en hélicoptère. J'y ai rencontré le président de la Bosnie. Le résultat politique de ce voyage a été très positif. Milosevic a été obligé de lever son blocus, et le conseil de sécurité de l'ONU a décidé d'envoyer mille casques bleus sur l'aéroport pour le maintenir ouvert.

On ne change pas avec l'âge, même après vos bons soins. Je l'affirme avec conviction en raison des circonstances de mon départ dans l'ex-Yougoslavie. Alors que dans cette affaire je suis d'une extrême prudence, là, je me suis décidé brutalement. J'ai accompli ce voyage comme mû par une impulsion, animé par un instinct.

À mon retour, je me suis interrogé sur le coup de tête qui avait été le mien. Je me suis rendu compte que j'avais été moins libre de mes actes que je ne le croyais. Je devais partir à Sarajevo ce jour-là et pas un autre. Je suis parti le jour anniversaire de l'assassinat de l'archiduc François-Ferdinand, héritier du trône d'Autriche-Hongrie, le 28 juin 1914. Le coup de pistolet porté par Gavrilo Princip, nationaliste serbe de dix-neuf ans, provoqua la Première Guerre mondiale. C'est du moins ainsi que l'Histoire présente le déclenchement de la Grande Guerre. Partir, c'est le terme utilisé pour décrire le passage de vie à trépas, non ? Une fois de plus, j'ai mis sans le savoir mes pas dans les traces laissées par un trépassé. Une fois de plus, j'ai recherché la place du mort. Une fois de plus, j'ai échappé à la chose. Je suis resté vivant.

Si j'étais en séance, vous me diriez : « Dans la mesure où vous êtes conscient des cartes qui composent votre jeu, vous n'êtes plus le même homme. » Je vous aurais répondu : « J'aurais aimé me procurer une autre donne. »

Je viendrai bientôt vous voir pour une question qui prendra beaucoup de place dans l'actualité si ce n'est dans l'Histoire. Vos lumières me seront utiles.

Très cordialement,
François Mitterrand.

Lundi 11 janvier 1993

Le Président est assis dans le fauteuil 1930 qui se trouve en face du mien. Comme il l'avait indiqué dans son dernier courrier, il a souhaité me rencontrer sans préciser les raisons de ce rendez-vous. Je ne l'avais pas revu depuis les séances fulgurantes de septembre 1984. Seul l'échange de quelques courriers a maintenu un lien fragile entre nous.

Le Président prend la parole :

« La fin approche.

— Oui ?

— Oui. Ma fin approche. Je me prépare.

— En quoi puis-je vous être utile ?

— J'ai décidé de rendre public ce dont je n'ai pas fait état jusqu'à présent. Depuis septembre dernier, après l'intervention chirurgicale que j'ai subie, les Français connaissent l'état de santé que j'avais dissimulé. Il me reste à leur dévoiler l'existence de ma fille, Mazarine. Ce sera fait, avant la fin de mon second septennat. Pour cela, je n'ai pas besoin de vous. »

Les lèvres du Président sont pincées. Le visage pâle. La main gauche bloque la main droite. Une jambe croisée bat le tempo. François Mitterrand s'échappe de sa gangue d'immobilité par la parole. Quand il s'ébroue dans le verbe, ses yeux s'illuminent, son corps bascule en avant pour accentuer son propos. Malgré la maladie, l'homme semble inchangé. Peut-être sa calvitie s'est-elle accentuée ?

« J'ai besoin de comprendre ce qu'ils me veulent.

— De qui parlez-vous ?

— De toutes ces personnes qui ne tiennent pas compte du temps en politique. C'est invraisemblable. On parle du passé comme si le temps présent ne réécrivait pas l'Histoire en permanence. J'ai décidé de participer à l'enquête que le journaliste Pierre Péan consacre à mes années de jeunesse. Autant l'éclairer moi-même sur les faits exacts plutôt que de laisser croire que je suis gêné en quelque manière par mon passé. De toute manière, le procès de René Bousquet ne saurait tarder. Bousquet a été inculpé en mars 1991 pour crimes contre l'humanité. C'est Serge Klarsfeld qui l'a traîné en justice en 1989, grâce à des pièces qui confondent l'ancien secrétaire de la police de Vichy. Vous verrez, on essayera de me salir avec cette histoire, au prétexte que j'ai fréquenté cet homme.

— Comment ça ?

— Je l'ai rencontré occasionnellement jusqu'en 1986. Quand la réalité des faits révélés en 1978 à *L'Ex-*

press par Darquier de Pellepoix se confirme, je cesse de le voir. Le commissaire aux affaires juives de Laval rejetait sur René Bousquet, secrétaire général de la police en 1942, la responsabilité des rafles du Vél' d'hiv.

— Oui ?

— Mais moi, ce n'est cet homme-là que j'ai connu dans les années cinquante. Celui que j'ai connu a été inquiété par la Haute Cour. C'est vrai. Mais relisez les attendus de son procès en 1949 : l'homme est acquitté du chef d'atteinte aux intérêts de la défense nationale. Il est convaincu de crime d'indignité nationale, c'est-à-dire d'avoir participé au gouvernement de Laval. À ce titre, il est condamné à cinq ans de dégradation nationale, mais il est immédiatement relevé de sa peine par la cour. Cette dernière affirme même que l'ancien préfet de la Marne a apporté la preuve de sa participation active et soutenue à la résistance contre l'occupant ! Ministre de la IVe République, il m'arrive de rencontrer René Bousquet. Mais je ne suis pas le seul. Cette affaire Bousquet est parfaitement transparente. L'homme avait purgé ses comptes avec la justice. Comment aurais-je pu savoir qu'il serait un jour inculpé pour crimes contre l'humanité ? Vous savez combien j'ai insisté pour que l'imprescriptibilité de ce genre d'agissements soit transposée dans notre code pénal. En 1950, on parlait plutôt de réconciliation nationale et d'amnistie. Aurais-je dû instruire de mon propre fait un dossier clos ? renier le jugement personnel que j'avais porté sur un homme brillant et intelligent ?

— Que répondez-vous à ces questions ?

— Ma première réaction est d'opposer le silence face aux attaques dont je fais l'objet. J'ai toujours pensé que le silence était la meilleure manière de punir les autres.

— Le silence est susceptible d'être interprété comme un aveu. N'hésitez pas à parler !

— Pour dire quoi ?

— Ce qui vous vient à l'esprit.

— Toutes ces accusations ne tiennent pas compte du temps qui passe. Prenez l'histoire de la Cagoule, ce mouvement antirépublicain qui avait fomenté un coup d'État et des assassinats politiques avant que son état-major ne soit arrêté en 1938. On me reproche mes liens supposés avec ce mouvement. Ça n'a pas de sens. Une partie de la belle famille de mon frère aîné a fait partie de ce mouvement. Aurais-je dû renier mes liens fraternels avec Robert Mitterrand ? Stupide ! Jean Bouvyer était un de mes amis. Il a quitté l'Action française pour entrer dans la Cagoule, et a participé à l'assassinat des frères Rosselli. Quand Jean a basculé dans l'activisme antirépublicain, je ne me suis pas déjugé. J'avais un ami en prison, j'ai été le visiter à la Santé.

— Vous parliez du temps historique...

Lundi 11 janvier 1993

— Quand va-t-on comprendre que l'Histoire n'est pas linéaire ! Les Cagoulards vont connaître l'épreuve de la guerre. Certains vont collaborer. D'autres résister. Les responsables de la Résistance auraient-ils dû les rejeter au prétexte de leur passé antirépublicain ? Et que dire de l'après-guerre ? André Bétancourt fut mon ami au collège Saint-Paul d'Angoulême. Ce fut un résistant de la première heure. Suis-je responsable de ses choix amoureux ? Aurais-je dû lui tourner le dos le jour où il épousa la nièce d'Eugène Schueller, financier de la Cagoule, puis du mouvement MSR, dirigé par Eugène Deloncle, qui collabora entre 1940 et 1942 ? Mais que me veut-on ? Les gens, je les ai mis à l'épreuve. Celle de leur fidélité en amitié. »

Silence.

« Je pense à celui qui fut mon ami le plus proche, Georges Dayan. On était sur la même longueur d'onde politique.

— Oui ?

— C'est tout.

— Mais encore ?

— Je veux bien en dire plus, mais à une condition.

— Laquelle ?

— Que vous n'interprétiez pas mes propos comme une quelconque défense. Je n'ai pas à me justifier. Toute ma vie politique plaide pour moi.

— Dites.

— J'ai rencontré Dayan sur le boul'mich en 1936, alors qu'il était agressé par des étudiants antisémites. Je me souviens de bagarres qui avaient éclaté au café *Le Biarritz* où, parce qu'ils étaient juifs, quelques étudiants avaient été attaqués par des bandes. Je trouvais ça tellement anormal que j'avais joué au petit défenseur. Ce jour-là, ça n'a pas été plus loin. Je l'ai retrouvé plus tard, au service militaire : fin 1938, on était dans le même fort, à Ivry. Pendant la « drôle de guerre », il a été témoin de mes fiançailles avec Marie-Louise Terrasse. Quand je suis parti en mission trois semaines en Algérie pour négocier avec le général de Gaulle les modalités de regroupement de la Résistance française, je l'ai rencontré à nouveau. Il était à Oran, il est venu me rejoindre à Alger. Avant le débarquement des Américains en Afrique du Nord, le gouvernement de Vichy avait appliqué aux juifs d'Algérie la politique antisémite qui était celle de la métropole. Georges était à Oran, il avait donc eu à connaître ces persécutions. Voilà l'origine de notre amitié. Qui s'est prolongée jusqu'à sa mort en 1978. Quand j'ai été élu, je ne suis pas seulement allé au Panthéon. Je me suis également rendu sur sa tombe pour me recueillir.

— N'allez pas trop vite.

— Notre complicité était totale. C'était un homme très cultivé. Celui qui fut de tous mes combats avait un humour très fin, beaucoup plus raffiné que le mien. Il n'aurait pas ri aux blagues de Coluche qui, personnellement, m'amusaient.

— Avez-vous en mémoire une plaisanterie commune ?

— Je me souviens d'un soir d'été à la terrasse de *Chez Francis* dans les années soixante-dix, place de l'Alma. Nous avions mimé la conversation entre Hitler et Daladier à Munich. Dayan jouait Hitler et moi Daladier. Mais, je le répète, ce que je vous dis ne constitue en rien un système de défense. »

La propension de François Mitterrand à ne pas vouloir se défendre alors qu'il en a tout à fait les moyens est particulièrement étonnante. Pour ne pas dire incompréhensible. Je décide donc de le provoquer :

« Ne craignez-vous pas d'être accusé d'antisémitisme ?

— Je n'ai jamais rien entendu d'aussi stupide. Vous n'allez pas vous y mettre, vous aussi. J'ai toujours été très attentif aux discriminations qui touchaient les Juifs. J'ai un profond attachement à mes racines culturelles chrétiennes, donc juives. Je tiens sans doute cela de ma mère qui ne supportait pas les propos antisémites véhéments, violents, haineux, ce langage fanatique. Pour elle, cette haine n'était pas chrétienne. »

Silence.

« Je vous l'ai déjà dit, si j'ai bonne mémoire ?

— C'est exact.

— Je vous ai aussi indiqué combien l'idéal politique de ma famille était incarné par mon oncle maternel, Robert Lorrain. C'est tout de même simple, d'une certaine façon, moi aussi je suis "sillonniste". J'insiste, je n'ai pas à me défendre. »

La manière dont il dit le mot « sillonniste » est étonnante. Il prononce « si-io-niste ». Je viens d'entendre pourquoi le Président est si maladroit dans la défense qui est la sienne face à ce qui deviendra l'affaire Bousquet. D'un point de vue inconscient, il est sioniste. Et cet être-là n'a pas à être prouvé ! Il est constitutif de sa personne. L'évidence inconsciente rend les patients maladroits dans leurs rapports aux autres, voire parfois incohérents. À ce titre, François Mitterrand n'échappe pas à la règle. J'essaie malgré tout de lui pointer ce dont il n'a pas à faire la démonstration :

« Vous venez de dire que vous êtes sioniste, et que vous n'avez pas à le prouver !

— Non, ce n'est pas ce que j'ai dit. J'ai affirmé que ma famille était silloniste. Vous surinterprétez mes paroles. J'ai dit ce que j'ai dit. Rien de plus.

— Vous croyez ?

— Je vous remercie de vos remarques, mais le temps passe et il faut que je vous quitte. J'ai compris une chose aujourd'hui dont je me servirai dans les mois qu'il me reste à vivre. Peu importe comment on agit, on n'est jamais lavé des fautes du passé. Des fautes supposées, bien sûr. Il faudrait sans doute que je lave les fautes commises par Adam au paradis. Je croyais que le Christ s'était chargé du travail. À entendre mes détracteurs, force est de constater qu'il n'a pas effectué l'ensemble de la tâche. »

François Mitterrand se lève avec difficultés de son siège, s'approche de moi, me serre la main et me dit :

« Adieu. »

Notes prises à la volée après la séance

Persistance d'un nœud originaire non analysé. Il ne saura pas faire face aux attaques à venir.

Remerciements

Je remercie Charlotte et Jean-Marie Nguyen Quang de m'avoir présenté Maren Sell.

Cet ouvrage n'aurait pas vu le jour sans la complicité de Pierre Jouve. Pour les besoins d'un documentaire télévisé, c'est avec lui que j'ai rencontré, interrogé longuement François Mitterrand entre 1984 et 1986. Alors que nous avions déjà écrit en commun un ouvrage sur le chef de l'État, il m'a autorisé à reprendre une partie du travail que nous avions publié pour m'engager dans un exercice aussi solitaire que périlleux.

Cette « psychanalyse » de François Mitterrand s'appuie également sur les nombreux dialogues que j'ai eus avec lui lors de déjeuners ou comme invité du Président dans divers voyages d'État jusqu'en 1993.

La mémoire est faillible. Aussi ai-je conforté la mienne par des contrôles nombreux, et recoupés faits biographiques, historiques ou politiques avec diverses sources pour caler ou hiérarchiser mon propos.

De très nombreux biographes ont fouillé le passé de François Mitterrand traquant les pièces à conviction et les témoignages pour reconstituer le passé de leur modèle. Sans leur somme de travail, il m'aurait été impossible de recouper avec autant de précisions les paroles que le Président nous a livrées. Les livres de Pierre Péan, Jean-Marie Colombani, Jean Lacouture, Jacques Attali, Elie Wiesel, Robert Mitterrand et Marie Balvet m'ont été particulièrement utiles.

Comme d'habitude, j'ai demandé à quelques amis, Jacqueline Bigeargeal, Alain Brami, Pascal Bouchard, Jacques Gaillard, Marc Giannesini, Frédéric Pagès d'être les lecteurs de l'antépénultième version de ce manuscrit qui s'en est trouvé utilement allégé.

J'ai abusé de la patience de Heike en restant trop souvent plongé dans mes élucubrations pendant le petit déjeuner. De même, certains matins, Théo a-t-il eu besoin de me réclamer : « Papa, tu me passes la confiture ! » à trois reprises avant que sa requête ne soit exaucée. En pénitence, je leur ai promis de faire une pause scripturale prolongée.

Enfin, je remercie François Mitterrand. Il m'a légué la gestion des lapsus et des traces inconscientes contenues dans ses livres. Si cet ouvrage correspond bien à sa demande, cette dernière a déclenché chez moi le désir irrépressible d'écrire ces *Rendez-vous*. Ce qui mérite sans conteste d'être interprété. Surtout depuis un récent lapsus où, par deux fois, j'ai dit « mon psychanalyste » en parlant du Président !

Table des matières

Rendez-vous

Composition réalisée par NORD COMPO

Achevé d'imprimer sur Roto-Page en novembre 2005
par l'Imprimerie Floch à Mayenne
Imprimé en France
Dépôt légal : novembre 2005
N° d'impression : 64301